O PIANISTA DE DEUS

Sandra Marcondes
Pelo espírito Wellington

O Pianista de Deus

ANUBIS

Coordenação editorial:
Editora Anúbis

Revisão:
Letícia Matei
Silvia Polezi

Diagramação e capa:
Edinei Gonçalves

Dados Internacionais de Catalogação na Publicação (CIP)
(Câmara Brasileira do Livro, SP, Brasil)

Wellington (Espírito).
Pianista de Deus / pelo espírito Wellington; [psicografado por] Sandra Marcondes. São Paulo, SP: Anúbis, 2012.

Bibliografia.
ISBN 978-85-98647-02-9

1. Espiritismo 2. Psicografia 3. Romance espírita I. Marcondes, Sandra. II. Título.

12-05947 CDD-133.93

Índices para catálogo sistemático:
1. Romances espíritas psicografados : Espiritismo 133.93

São Paulo/SP – República Federativa do Brasil
Printed in Brazil – Impresso no Brasil

Este livro segue as novas regras do Acordo Ortográfico da Língua Portuguesa

Agradecimentos do espírito Wellington

Obrigado a Deus, Jesus, espíritos iluminados que trabalham incessantemente para a evolução espiritual do homem encarnado e desencarnado. Agradeço, também, a meus amados amigos e amigas que fazem parte desta história e me auxiliaram com amor e carinho para que eu pudesse dar alguns passos na direção do progresso espiritual. Sandra, minha querida, que a paz de Deus esteja com você. Muito obrigado por receber esta história. Amo você.

Agradecimentos da médium Sandra Marcondes

Escrevo estas palavras logo após receber os agradecimentos do Wellington, anotados anteriormente. A sensação de paz que sinto neste momento é indescritível. Deus, Jesus e espíritos iluminados que me auxiliaram para que eu pudesse receber esta história, muito obrigada!

Wellington, meu amigo, obrigada por me contar sua linda história de superação que tantos ensinamentos me trouxe e calou-me fundo à alma. Eu também amo você! Muito obrigada, e fiquemos todos com Deus.

Palavras da médium Sandra Marcondes

A história do Wellington, descrita neste livro, se passa no decorrer de todo o século XX e início do século XXI em seu ir e vir do Plano Encarnado ao Espiritual e vice-versa, embora ele tenha me dito, com todo o carinho, que eu não me preocupasse com datas, já que a história, ora contada, é atemporal.

Isso porque é uma história de escolhas humanas, sob a Lei de Deus do Livre-Arbítrio, com suas repercussões e consequências individuais e coletivas. No caso específico de Wellington, suas escolhas são principalmente entrar ou não no mundo do crime, e particularmente quanto ao comércio e uso ilegal de drogas[1]. Práticas essas, aliás, que, segundo Wellington, "um dia estarão 100% extirpadas do Plano Físico e do Plano Espiritual da Terra. Trata-se de um processo bastante longo de evolução humana, que começa pela mudança interior de cada um, mas que já começou".

Ora, a questão do tráfico e do uso de drogas ilegais que causam vício e dependência química em nossos irmãos e irmãs precisa ser encarada "de frente", revista em todos os seus inúmeros aspectos e trabalhada verdadeiramente, do fundo do coração, como um problema a ser efetivamente resolvido por toda a sociedade brasileira e mundial. E como diz Wellington, "a partir da mudança interior de cada um". Mesmo porque evoluções sociais passam, necessariamente, em primeiro lugar, pelo progresso interior de cada indivíduo. E um exemplo concreto desse progresso, sem mencionar os milhares e milhões que existem pelo Brasil e pelo mundo, é a linda história de Wellington, que tenho a honra de apresentar para vocês. Fiquem com Deus!

---

1 "A palavra droga, segundo seu termo correlato grego "Phármakon", é uma palavra ambígua que expressa tanto o veneno quanto o medicamento que cura ou salva. O falar geral, entretanto, associou o significado de substância entorpecente, alucinógena ou excitante". Fonte: Martial de Magalhães Câmara, Anamaria Testa Tambellini, Amadeu Roselli-Cruz, *Trabalho, abuso de drogas e os aparelhos ideológicos de estado: um estudo com alunos do ensino médio e fundamental*. Disponível em *http://www.scielo.br/scielo.php?script=sci_arttext&pid=S0103-73312010000100012*. Acesso em 2 de janeiro de 2012. A palavra "droga", empregada em todo o livro *O pianista de Deus*, é no sentido de veneno, substância entorpecente, alucinógena ou excitante; e ilegal. (Nota da médium Sandra Marcondes)

Índice

CAPÍTULO I

O início número "1"

O lugar era escuro. Sentia-me apertado demais. Sabia que logo seria o momento de sair dali, mas eu estava apavorado. Não! Nascer de novo, não! "Deus, não me deixe nascer, por favor", eu implorava. Daqui eu já sinto fome. Eu não vou ter uma mãe e um pai, vou ter monstros. Adormeci e quando dei por mim fui expulso daquele lugar.

Abri os olhos, assustado. Colocaram-me perto do rosto da mulher que tinha me carregado por sete meses e meio na barriga. Senti um cheiro horrível. Era bebida alcoólica. Ela estava embriagada ao me parir. Senti repulsa por ela e percebi que ela também a sentiu por mim.

A parteira que fez o parto de minha mãe pegou-me no colo como se eu fosse um boneco qualquer. Sentia frio e uma dificuldade enorme para respirar. Pesava cerca de 800 gramas. Isso tudo em decorrência do álcool e fumo que minha mãe consumira durante a gravidez. E, além disso, uma vez prostituta, minha mãe era portadora de doenças sexualmente transmissíveis.

Seria muito difícil minha sobrevivência, situação, aliás, que me deixava exultante de alegria. Afinal, estava com esperanças de retornar ao mundo espiritual, uma vez que, por mais horroroso que fosse o lugar onde estava antes de ir para o útero dessa mulher; estar no Plano Encarnado, eu acreditava, seria muito pior. Porém, no decorrer de seis meses após meu nascimento, sob os cuidados carinhosos de minha avó materna Maria Joaquina, eu estava recuperado.

E, desse modo, revigorado, minha mãe resolveu retirar-me de minha avó, que, desesperada, viu-me ser levado de modo cambaleante, já que minha mãe estava alcoolizada. A sensação de estar no colo de minha mãe era horrível. E, ao chegar ao barraco da favela[2], que seria meu "lar", minha mãe colocou-me no meio de uma cama e mostrou-me àquele que seria o meu pai, que ao me olhar questionou se eu era realmente seu filho.

– Sua vadia. De quem é o moleque? – Perguntou meu suposto pai.

– Não começa. Eu te odeio, seu desgraçado. O filho é seu. Ele se chama Wellington, e você sabe disso – respondeu minha mãe, aos gritos.

De repente, escutei uma garrafa sendo quebrada ao chão pelo meu suposto pai. O cheiro era horrível. Era pinga. Ele pegou alguns cacos e foi direto para o pescoço de minha mãe.

---

2 Atualmente se utiliza a palavra "comunidade" no lugar de "favela". Desse modo, com exceção deste trecho, em que é escrita a palavra "favela", optou-se por usar, no decorrer de todo o restante do livro, tão somente a palavra "comunidade". (Nota do Wellington)

– Vou matar você e este filho do “coisa ruim”, vagabunda.

Nesse momento, tiros foram ouvidos. Assassinos acertaram meu suposto pai nas costas e nas pernas, mas, de modo inacreditável, ele conseguiu sobreviver.

Porém, com minha mãe não se deu o mesmo. Acertaram-na com um tiro certeiro na cabeça, matando-a instantaneamente. E, após o “serviço”, os assassinos saíram da casa calmamente, como se nada tivesse acontecido ou como se nada os pudesse deter, tendo em vista o enorme poder que possuíam naquela comunidade da cidade do Rio de Janeiro.

Esses matadores eram gente do crime, ou seja, assaltantes e assassinos de aluguel, para quem meu suposto pai trabalhava, devia dinheiro e favores. Afinal, eram eles que lhe davam algum trocado para beber, em troca do serviço de matador de aluguel e alguns assaltos.

Os vizinhos apareceram e um deles, conhecido por “curandeiro”, retirou as balas das pernas e fez curativos com ervas. Porém, uma das balas ficou alojada na coluna, o que o deixou recluso a uma cama até seu desencarne. E isso foi motivo para que ele ficasse cada vez mais revoltado e se “afogasse” ainda mais na bebida, cuja consequência foi seu desencarne na companhia de espíritos trevosos e que queriam dele se vingar por haver vendido drogas para seus filhos e familiares.

Assim, desde o assassinato de minha mãe, fui criado pela minha avó Maria Joaquina. Pessoa de excelente coração, minha avó me criou da melhor maneira que pôde. E o principal, ela me deu amor e carinho. Porém, minha revolta pela vida era tamanha que, por mais que minha avó tentasse, não conseguia fazer-me entender a importância das orações; que nada em nossa vida acontece por acaso; que eu aproveitasse a oportunidade desta vida para melhorar como pessoa e contribuir, como consequência, com trabalhos para a melhoria da comunidade onde vivíamos.

Eu só pensava em roupas caras, sapatos e relógios de ouro. Achava a vida 100% injusta. Sentia-me um pobre coitado, infeliz e feio. Tinha vergonha de ser neto de uma ex-escrava, cujos pais haviam vindo da África para o Brasil. Via as belas construções da cidade do Rio de Janeiro e as comparava com a pocilga onde eu morava com minha avó Maria Joaquina. Era de arrepiar. Eu gostaria mesmo é de ser da alta sociedade carioca. Andar com motorista, ter mordomo e empregados, mesmo que para isso fosse necessário ser criminoso. Queria mandar em todo mundo, a qualquer custo.

Afinal, eu justificava: "tenho o direito de ser rico como todos". A questão é que, naquele momento, eu não compreendia que eu realmente tinha o direito de ser rico, mas não a qualquer custo, como era minha pretensão. Eu também não compreendia os desígnios maravilhosos de Deus, que me imputara naquele corpo, com o nome de Wellington. Eu era pura revolta. Via minha vida como uma desgraça total. Não dava valor nem para minha avó que, com sacrifício e amor, cuidava de mim e tirava comida de sua própria boca para me alimentar.

Ora, intuíam-me espíritos iluminados, a conquista de ser rico, ter boa educação, boa casa, comida e roupas bonitas é um direito de todos, para que possam viver dignamente. É louvável querer ser rico. Porém, a conquista da riqueza e a maneira de utilizá-la devem dar-se por meio de trabalho digno nas Leis de Deus de amor e caridade e não por meios criminosos, de modo a prejudicar o próprio autor de atos criminosos e, também, milhares de outras pessoas atingidas pelo cometimento de crimes. O dia em que todos os homens possuírem tal entendimento, a pobreza será extirpada da Terra. É um processo. A humanidade caminha para isso.

No entanto, eu me recusava a escutar os bons conselhos dos espíritos iluminados, que faziam tudo o que podiam para me ajudar. Piorei, ainda mais, quando, com 15 anos de idade, conheci uma linda menina na praia, no bairro de Ipanema. Nos fins de semana eu ia a essa praia colaborar com a limpeza de uma mercearia em que trabalhavam a senhora Isilda e o Jacson, seu filho e meu melhor amigo. A moça fazia compras e depois se sentava em um banco em frente à mercearia e ficava a observar o mar. Apaixonei-me.

Porém, meu complexo de inferioridade aflorou ainda mais. A moça bonita, eu acreditava, devia morar em um dos ricos palacetes da cidade do Rio de Janeiro, e eu na comunidade. Ela possuía a pele branca, que contrastava com seu belo cabelo e olhos negros. Eu, um afrodescendente. Ela rica, eu pobre. Mas, ainda assim, nós nos olhamos. Sei que ela olhou "dentro" dos meus olhos e senti, por parte dela, um lampejo de amor. Meu coração disparou!

E assim, em torno de seis meses, eu a vi quase todos os fins de semana, exceto quando chovia. Era educada e limitava-se a cumprimentar as pessoas, mas nunca falava com ninguém. Provavelmente, pensava eu, é uma dessas riquinhas metidas,com nojo de gente feia e pobre como eu. Eu a prejulgava.

Bem, o fato é que nos fins de semana, quando a encontrava, fazia questão, embora envergonhado, de passar em sua frente enquanto ela observava o mar. Ela sempre olhava no fundo dos meus olhos de modo sério. Depois passou a sorrir, e conheci o sorriso mais lindo da minha vida. Jamais me atrevi a falar com ela. Achava-me uma pessoa inferior.

Até que, na última vez que a vi, no final de uma tarde, eu estava sobre a areia da praia para descansar e admirar o mar. Extasiava-me com o pôr do sol e, quando dei por mim, levei um susto, pois ela se sentou ao meu lado. Olhou profundamente nos meus olhos, como sempre fazia, fez um carinho na minha mão e disse que eu era bonito.

Esqueci completamente que poderia haver diferenças entre nós, diferenças essas criadas pela minha própria imaginação. Só senti amor. Não consegui articular uma só palavra. Meu coração disparou. Nossos olhares se cruzaram novamente. Tive a sensação de que só eu e ela estávamos naquela praia. Senti um silêncio mágico. Ela se levantou, foi embora, e nunca mais a vi.

Sentia-me completamente apaixonado. Qual seria seu nome? Como chegar perto dela? Impossível. Tinha certeza de que ela pertencia a um mundo que não era o meu. Jamais me deixariam entrar na casa rica em que ela devia morar. A partir daí, eu jurei que seria muito rico, custasse o que custasse. Nem que para isso eu aceitasse a proposta do chefe do crime da minha comunidade, que me assediava, havia tempos, a fim de que eu seguisse o caminho do meu suposto pai no mundo do crime. Ele dizia:

– "Filho de peixe, peixinho é". Logo você estará trabalhando para mim. Estou certo disso!

E, tendo tais pensamentos, não imaginava a quantidade de espíritos trevosos que a mim se achegavam e se divertiam em incitar-me a entrar para o mundo do crime. Recusava-me a escutar meu anjo guardião e espíritos iluminados. Em momento algum pensei no seguimento espiritual da vida. Somente pensava em bens materiais, e na minha revolta com tudo e todos. Acreditava que a única maneira de ganhar dinheiro e poder seria por meio do mundo do crime.

E, também, recusava os diversos convites por parte de professores e professoras voluntárias presentes na comunidade onde eu morava, para aprender a tocar um instrumento musical de minha própria escolha. Não. Eu queria mesmo era ser rico a qualquer custo. E, o meio mais fácil para isso, iludia-me, era me tornar um grande criminoso.

CAPÍTULO II

Edmilson – Chefe do crime

Edmilson, o chefe do crime da minha comunidade, sempre me presenteava com doces e um trocado aqui e outro ali. Dizia-me que, seu eu quisesse, ele me faria o homem mais poderoso de toda a cidade do Rio de Janeiro. Convidava-me para entrar no comércio do tráfico de drogas ilícitas, que, para ele, era um negócio promissor, que estava em grande expansão e nos deixaria muito mais ricos do que simplesmente trabalhar em assaltos a bancos e casas ou mesmo como matadores de aluguel.

Eu via as armas do Edmilson e também as queria. Percebia, também, que todos da minha comunidade "morriam" de medo dele. Ele tinha várias namoradas e mandava em todas elas. Ah! Eu sonhava em ser como o Edmilson. Até que, com 15 anos de idade, embora parecesse ter uns 12 anos, pois era franzino, decidi procurar o Edmilson.

– Diga menino, o que quer? Doces?

– Quero entrar para esse novo negócio do tráfico de drogas e ser muito rico. Depois vou me casar com o grande amor da minha vida que mora em Ipanema, respondi.

Ele deu gargalhadas sinistras que me deixaram todo arrepiado de medo. Coçou a barba e disse:

– Nossa... Parece que sabe o que quer, hein moleque? Vai direto ao ponto. Mas é muito franzino. Acho que você não é corajoso.

Nesse momento, ele passou um revólver por todo o meu rosto. Fiz xixi nas calças. E ele riu. Riu tanto, que o bando todo entrou para saber o que acontecia.

Aí, claro, virei chacota. Uma risada só. Minhas pernas tremiam. Eles diziam:

– O que vamos fazer com o franguinho? O que acham de amarrá-lo a um tronco, igual aqueles que eram usados para chicotear escravos e, depois, atearmos fogo?

Quando ouvi o que queriam fazer comigo, não aguentei. Fiz pior. Borrei-me todo. As risadas aumentaram. Envergonhado, com muito medo, xixi e cocô nas calças, encontrei forças e disse da maneira mais segura e alta que pude:

– Quero entrar para o mundo do crime.

Nesse momento, o bando não se aguentou. Ria tanto, até cair no chão. As risadas, evidentemente, não eram de alegria, eram demoníacas e acentuadas pela influência sinistra de espíritos trevosos que os incitavam ainda mais com ideias criminosas e perversas.

Edmilson parou de rir. Olhou para mim e disse que meu pai e minha mãe eram gente da pior espécie e que eu era igual a eles. Mandou que parassem de rir, que eu fosse me limpar, pois estava cheirando muito mal, e retornasse no mesmo dia e local às 17h para falar com ele. Disse que meu destino estava traçado.

Cheguei em casa completamente apavorado. Minha cabeça fervilhava. Acho que não fiz a coisa certa. Por que eu não posso me tornar um homem de bem? Para que entrar no mundo do crime? Por alguns pares de belos sapatos? Um relógio caro? Roupas de gente rica? E os professores voluntários da comunidade que me convidaram para aprender a tocar um instrumento musical? Ah! Eu poderia ser um concertista. Já me imaginava tocando em grandes orquestras da Europa, em lugares que os professores haviam me mostrado nos mapas.

Tinha muitos amigos aprendendo instrumentos musicais. Mas, não! Afastava tais pensamentos. Preferia escutar espíritos que insistiam em se manter nas trevas. Eu quero mesmo é ser rico e, tocando uma porcaria de um instrumento musical, nunca o seria. Meu objetivo era parar de levar a vida idiota que eu acreditava que levava. Era problema da minha avó Maria Joaquina, se fosse sofrer. O que eu queria, mesmo, era poder e dinheiro, mesmo que vendesse a alma ao diabo. Além disso, estudar música me daria um trabalho danado! Era coisa de gente idiota.

Os espíritos iluminados tentavam me intuir para trilhar o caminho de Deus e afastar-me de pensamentos tenebrosos. Mas eu não escutava tais espíritos. Aliás, eu os repelia violentamente, tamanha era a revolta que tinha no coração. Decidi escutar as trevas que me intuíam no sentido de acreditar que um dia seria um grande traficante de drogas ilícitas, e que eu não temesse nada. Pois eu seria um "deus" na Terra. Nada me deteria. Via-me cheio de poder com revólveres em punho, muitos relógios de ouro, e a menina da praia de Ipanema louca de amor por mim.

Minha avó Maria Joaquina notou minha enorme tensão, e, aflita, com um terço nas mãos, perguntou o que estava acontecendo, embora seu coração já o soubesse. O assédio de criminosos por crianças para com eles trabalharem não era segredo para ninguém na comunidade em que eu morava. Tentou, a todo custo, auxiliada por espíritos iluminados, a demover-me da ideia de encontrar o chefe do crime da comunidade onde morávamos. Sugeriu que fugíssemos naquele mesmo instante, e avisou:

– Se você não fugir comigo agora e decidir entrar para o mundo do crime, não haverá volta. Seu futuro será tenebroso. Você se ilude ao acreditar que assaltar, assassinar e traficar drogas ilícitas é levar uma vida fácil. Muito pelo contrário. Se você optar pelo crime, não imagina o débito que carregará em sua vida. Aliás, vida é o que você não terá. E ninguém, absolutamente ninguém, é feliz ao fazer o mal. Muitos dissabores virão até você, meu neto. Pense bem!

E continuou minha avó Maria Joaquina, já sentindo no coração a decisão que eu havia tomado:

– Porém, não se esqueça, sempre há tempo para arrependimento e um novo começo, embora saiba que para toda ação há uma reação. Quem pratica tráfico de drogas, assalta, comete assassinatos, estupros e, de forma geral, planta o mal, colhe o mal. Por outro lado, aquele que planta o bem, colhe o bem. A decisão é sua!

Claro que não lhe dei ouvidos. Lembro-me de ver lágrimas em seus olhos. Senti seu coração apertado. Olhei para minha avó, pela última vez, também com o coração apertado, mas a ilusão de vida fácil, de ser rico e ter poder, falaram mais alto. Sendo assim, larguei minha avó e fui ao encontro de Edmilson, mesmo imaginando que poderia ser morto queimado, e talvez ele não me aceitasse como um "soldado" dele. Ora, valia a pena arriscar e era isso que eu faria, e fiz. Espíritos trevosos sofredores se "divertiam" com minhas tristes e terríveis ilusões. Meu livre-arbítrio estava sendo respeitado.

CAPÍTULO III

A escolha número "1"

Cheguei com dez minutos de antecedência. A escolha estava feita. E, acreditava, nem havia meios de voltar atrás, pois Edmilson já me vira. Porém, por uma fração de segundo me arrepiei da cabeça aos pés e a "ficha" caiu. Escutei os amigos espirituais iluminados. Tive consciência de que o caminho que estava escolhendo era o pior, o errado. Sabia que traria sofrimentos atrozes para mim, minha avó e milhares de pessoas que comprariam as drogas ilícitas. E me lembrei dos olhos da menina da praia de Ipanema, que dessa vez senti me olharem com reprovação e ao mesmo tempo ternura.

O certo, pensei, seria me tornar um musicista. Eu amava a música e, segundo os professores voluntários da comunidade onde eu morava, eu demonstrara talento quando da realização de um único teste que aceitei fazer. A programação para esta minha encarnação era trabalhar com a música.

Aliás, antes desta vida que ora conto, eu estava em regiões espirituais tenebrosas, e, devido ao meu deplorável estado, espíritos iluminados superiores decidiram que me seria concedida, por merecimento de algumas boas ações de outras vidas, a oportunidade de ser resgatado e sair dessas regiões para imediatamente voltar à Terra do Plano Físico, ou seja, foi-me concedida a benção de mais uma encarnação.

O plano era que eu me tornasse um musicista. Em primeiro lugar, aprenderia a tocar violino, porém, mais tarde, despertaria para o piano, que seria meu instrumento de trabalho, o qual já havia aprendido a tocar em outras vidas e muito amava. Entretanto, tal sentimento durou apenas uma fração de segundo, pois imediatamente me sintonizei com espíritos que ainda se encontram nas trevas, repeli fortemente os espíritos de luz, e acreditei firmemente que o caminho do crime seria o mais fácil e prazeroso. Ah! Quanto engano, ilusão e mais sofrimento adquiria para mim.

– Então aqui está o fedelho, disse Edmilson, me olhando dos pés à cabeça.

– Você mais parece um "bobinho"! Todo franzino. Você só pode ser muito imbecil para acreditar que eu vou te aceitar. Ora, ora... Soldados[3]: vamos fazer o combinado: amarrem o rapazola a um tronco e depois ateiem fogo!

A risada foi geral. Achei que novamente fosse me borrar. Mas segurei o quanto pude e não me sujei. Começaram a me amarrar quando, de repente, ouvimos muitos passos apressados.

3 O chefe do tráfico chamava seus comparsas de "soldados". (Nota do Wellington)

– São os homens da polícia. Estão subindo o morro – falou um dos "soldados".

Entregaram-me um revólver. Todos se posicionaram em locais de forma a que não fossem vistos, e me mandaram fazer o mesmo. Pensei: "É a minha hora. Vou provar o homem corajoso que sou".

Subi em um local que me dava clara visão dos policiais. Não sei como, pois até então nunca havia atirado. O fato é que dei um primeiro tiro e "abati" um policial. Dei mais um, outra morte, e outro, até que atirava e não sabia mais se estava matando policiais ou civis inocentes. O descontrole era total. E, de repente, tudo ficou quieto. Aos poucos, os "soldados" retornaram ao "QG" do Edmilson. Entrei ressabiado e todos começaram a cuspir em mim. Eu não entendi. Explicaram-me que aquilo era meu "batismo", e que, a partir daquele momento, eu me transformava em um deles.

Ri. Ri muito. Mas a risada era diabólica, trevosa. Mal sabia quantos débitos e sofrimentos já começava a adquirir para meu espírito. Aliás, o ambiente espiritual era negro, turvo. Entidades monstruosas riam conosco de modo macabro. Havia entidades que compartilhavam com os objetivos dos irmãos traficantes de drogas e outras tantas obsessoras, com ódio de tais traficantes.

Por outro lado, e hoje sei disso ao contar esta história, naquele momento, ao lado dos espíritos trevosos, havia milhares de falanges de espíritos iluminados a enviar luz para acalmar o ambiente e oferecer ajuda aos que desejavam, sempre respeitando o livre-arbítrio de cada um.

A propósito, esses espíritos iluminados trabalhavam incessantemente com o intuito de que os irmãos e irmãs, encarnados e desencarnados, movidos pelo crime, se redimissem verdadeiramente e voltassem ao caminho de Deus. Desse modo, a um pedido de ajuda sincero, com arrependimento do fundo do coração, lá estão os irmãos iluminados para prestar auxílio a encarnados e desencarnados.

E assim os anos foram se passando e minha vida no crime se tornava cada vez mais intensa. Tornei-me o preferido de Edmilson. Aprendia tudo o que podia com ele. Manejava, com facilidade, as mais diversas armas. Armas essas contrabandeadas principalmente da América do Norte e da Europa. Aliás, a própria polícia do Brasil não possuía algumas delas.

Deus era "algo" que efetivamente não fazia parte da minha vida. Achava que já havia me tornado um "capeta" mesmo e, obviamente, jamais teria salvação. Matar quem quer que fosse se tornou, para mim, algo banal, como se fosse um simples ato de trocar de camisa. Vida alguma tinha valor para mim. E minha avó assistiu, de longe, minha decadência. Ela desencarnou, com imensa tristeza, quando eu estava com 17 anos de idade.

Aprendi tudo o que pude a respeito do tráfico de drogas. Conhecia os fornecedores e sabia a quem vender. Fazia, perfeitamente, as contas do dinheiro que entrava e do que era gasto. E, além de auxiliar no comando do tráfico de drogas, praticava inúmeros assaltos e era matador de aluguel, pois acreditava que tais atitudes eram prazerosas. A adrenalina corria pelo meu corpo. Vivia escondido no alto do morro. Mas volta e meia andava pela comunidade onde todos me respeitavam (naquela época eu achava que me respeitavam, porém, na verdade, as pessoas tinham pavor de mim).

O único lampejo de bons sentimentos que eu possuía era em momentos em que me lembrava de minha avó Maria Joaquina e do amor emanado dos olhos negros da menina da praia de Ipanema. Estremecia com dor no coração e, nesses instantes, minha consciência, com a ajuda da avó Maria Joaquina e da própria menina, tentava mostrar o caminho absurdo que eu seguia. Mas rápida e violentamente eu afastava tais pensamentos, e continuava na vida criminosa.

Eu podia ter a menina que quisesse da comunidade. Eu as comprava de seus pais e as forçava a ficar comigo. Havia pais que as vendiam sem dó nem piedade, mas a maioria, ao contrário, ficava desesperada quando eu decidia que uma de suas filhas se tornaria mais uma de minhas mulheres. Porém, apesar de todo o meu "poder", eu sentia raiva, muita raiva, pois sabia que a menina da praia de Ipanema jamais seria minha. E, mesmo que um dia eu a encontrasse, não teria coragem de forçá-la a nada. Isso me deixava mais revoltado. E, desse jeito, a vida foi seguindo seu curso.

Farejava policiais não corruptos de longe e trabalhava arduamente para matá-los, com requintes de crueldade, caso algum deles "caísse em minhas mãos"[4]. Fui para a cadeia três vezes. Nas duas primeiras vezes, paguei propina para corruptos do presídio e fugi sem grandes dificuldades. E, finalmente, na terceira vez, eu e alguns comparsas de cela cavamos um túnel e tivemos liberdade.

E digo que não foi difícil fazer o túnel, já que contávamos com criminosos que se travestiam de policiais e nos ajudavam. Enfim, na cadeia, além de apurar as "técnicas" quanto ao "ofício" de criminoso, minha revolta cresceu geometricamente. Nas celas em que estive preso, tinha espaço, por exemplo, para dez detentos, porém, sempre havia, no mínimo, um número dez vezes maior de criminosos. Não havia espaço para se sentar, e as necessidades fisiológicas de todos eram feitas ali mesmo. Aqui, chamo a atenção para o fato de que qualquer um enlouquece em um lugar desses. Evidentemente que eu teria, sim, de ser preso pelas leis do Brasil, por conta dessa vida de criminoso.

---

4 Aprendi com a vida de criminoso que há muito mais policiais honestos que corruptos, mesmo porque os corruptos são irmãos que ainda atuam contrariamente às Leis de Deus, e não podem ser considerados policiais, são pessoas travestidas de policiais. (Nota do Wellington)

Não justifico ter saído das prisões e continuar na vida criminosa. Mas, aqui, tomo a liberdade de deixar aos brasileiros um alerta para um fato que conhecem muito bem: o sistema penitenciário, no Brasil, com raríssimas exceções, não reeduca ninguém; ao contrário, estimula, ainda mais, à prática de crimes.

E, assim, os anos foram passando. Com 19 anos eu era um dos criminosos mais procurados do Brasil. Superei o Edmilson. Tomei seu lugar, após envenená-lo. Tornei-me chefe do tráfico de drogas da minha comunidade (acreditava absurdamente que a comunidade era minha propriedade). Possuía relógios de ouro e roupas caras (diga-se de passagem, roubados nos assaltos), mesmo porque eu não podia frequentar as lojas das ruas normalmente, já que era procurado pela polícia. Mas, mesmo assim, eu me achava o "todo-poderoso", inatingível. Acreditava que, nada, tampouco quem quer que fosse, poderia deter minhas ações.

Porém digo a vocês, leitores e leitoras, que tal sensação de poder, na verdade, era tênue, iludida e fruto de meus absurdos e terríveis desvarios. Pois, na realidade, no fundo da alma, embora não o admitisse, eu sentia medo, muito medo, das consequências que ocorreriam comigo, tendo em vista meus atos desastrosos nesta encarnação.

Sérios problemas me afetavam. Não conseguia mais dormir. Tinha pavor de fechar os olhos, uma vez que ao fazê-lo via vultos de monstros e cobras enormes a me perseguirem o tempo todo. Eu não tinha sossego nem um segundo do dia. Desconfiava de tudo e de todos. Vivia armado até os "dentes". E sentia, ao meu redor, sombras a rirem, zombarem de mim e jurarem vingança. Escutava milhares de vozes me amaldiçoando, como se fossem alfinetadas e chicotadas em meu corpo. As dores físicas e espirituais eram insuportáveis.

O fato é que, nesse momento, eu não sabia que tais vozes, vultos e monstros eram fruto de minha consciência a me punir, além de milhares de espíritos que ao meu lado se postavam, com o intuito de se vingarem das atrocidades que eu vinha cometendo até então. Fechava os olhos no máximo por 10 ou 15 minutos e já acordava sobressaltado. Meus comparsas começaram a acreditar que eu estava enlouquecendo, já que via e escutava coisas que ninguém via ou escutava.

Até que comecei a perder espaço como chefe do crime na comunidade. Nesse momento, meu desespero era tamanho que comecei a fumar ópio, usar cocaína, todo tipo de droga que aparecia na minha frente, além de bebida alcoólica. E, como chefe do crime, eu não deveria me drogar ou tomar bebida alcoólica desenfreadamente, pois necessitava de "discernimento" para controlar a logística do crime na "minha" comunidade.

Com 20 anos, meu segundo homem tomou o meu lugar, e só não fui torturado e morto por meus comparsas porque fugi. Aliás, nem sei como o consegui. Fui à cidade de Teresópolis, no estado do Rio de Janeiro. Alguém de quem não me lembro havia dito que ali existia uma mulher que fazia reza "brava". Teria de falar com ela, e faria o que ela dissesse para eu voltar a ser o chefe e o maior criminoso da "minha" comunidade.

CAPÍTULO IV

Senhora Gertrudes e a terrível passagem

Fui a Teresópolis a pé, embrenhado nas matas, que eu muito bem conhecia por ter nelas me refugiado da polícia e de traficantes rivais inúmeras vezes. Não poderia arriscar-me em tomar qualquer tipo de condução e ser reconhecido. Bebia água de riachos e comia o que via pela frente, por exemplo, pássaros e animais crus. Não podia tentar acender fogo, pois poderia chamar atenção. Perdi por volta de 20 quilos. Meu rosto se cobriu de barba e eu mal podia ser reconhecido. Andava todos os dias o quanto minhas forças suportassem, as quais, a cada dia, minguavam.

Os vultos continuavam a me perseguir. Gritavam, proferiam xingamentos e juravam vingança. Ah! Mas o pior era que eu via um a um, os rostos de pessoas que eu havia assassinado e também daquelas que por minha causa entraram no mundo do crime. Sentia cada olhar como se fosse chibatadas e alfinetadas por todo o meu corpo. As dores físicas e espirituais se intensificavam e se tornavam insuportáveis a cada dia.

Porém, insistia comigo mesmo em acreditar que os vultos eram somente fruto da minha imaginação e que eu estava enlouquecendo de vez. Entretanto, por outro lado, ouvia com o fundo da alma a voz de minha avó Maria Joaquina e via o olhar da moça da praia de Ipanema. A voz e o olhar alertavam-me para o fato de que eu estava sofrendo as consequências dos meus atos; que tais vultos que me perseguiam eram espíritos que eu havia prejudicado demais, e que, ainda na ignorância, só pensavam em vingança; que meus padecimentos eram consequências de milhares de débitos que havia adquirido por escolha própria, por meio do livre-arbítrio. Porém, esses vultos diziam-me que eu rezasse do fundo do coração e pedisse ajuda a Deus.

"Não, não peço ajuda a Deus de jeito nenhum", pensava. Afinal, eu não tinha nem o direito de pronunciar seu nome, devido à vida criminosa que escolhi. E, assim, perambulei pela floresta por quatro meses e meio, até que, finalmente, avistei Teresópolis. Sabia que a casa da tal senhora Gertrudes era em um local paupérrimo da cidade. Andei pelas ruas e não fui reconhecido por ninguém, pois era confundido com um mendigo em estado de completa demência.

Procurei, procurei até que me deparei com uma tapera, a casa da senhora Gertrudes. Tive certeza de que ali estava minha salvação. Entretanto, leitores e leitoras, atentem-se ao fato de que por "salvação" eu entendia continuar no mundo do crime e voltar a ser o chefe do tráfico de drogas. Não pensava, ou melhor, eu me recusava a pensar na minha salvação nos "braços" de Deus.

Entrei na tapera. Foi assustador ver a senhora Gertrudes. Era uma mulher horrível e, ao redor de seu corpo, enxerguei vultos de pessoas que pareciam monstrengos e bichos horríveis, a propósito, os mesmos que via ao meu redor a me perseguirem. O cheiro que a mulher exalava era horrível, parecia ovo podre, e quando dei por mim, percebi que estava tão fedido quanto ela. A mulher abriu um sorriso desdentado e pediu que eu me achegasse a ela.

Fiquei paralisado e, novamente, a senhora Gertrudes me chamou. Cheguei perto dela e me senti apavorado. A figura dessa mulher me dava calafrios. Tentei manter a calma e a fisionomia de uma pessoa dona de si, mas não dava para enganar a senhora Gertrudes, que disse em bom tom:

– Você vendeu sua alma ao demônio. Agora ele veio te cobrar. Você vai padecer no fogo do inferno. Muitos espíritos querem vingança! Você é uma perdição. Não posso fazer nada por você. Suma daqui! Você me dá calafrios. Não vou mexer com os que querem se vingar de você.

Queria gritar com a tal mulher, mas não tinha forças. Fiquei olhando em estado de súplica. Precisava de ajuda, ou seja, voltar a ser forte e "proprietário" da "minha" comunidade. Recusava-me a pensar, em momento algum, que deveria rever meus atos. Iludia-me com a absurda certeza de que tudo que eu tinha feito, até então, era o correto.

Senhora Gertrudes soltou uma gargalhada, que mais parecia vir das profundezas do inferno. Sua aparência era de uma bruxa horrorosa que assusta criancinhas. Ainda assim, insisti em solicitar ajuda. Afinal, quem era essa mulherzinha horrorosa que dizia que eu era um perdido? Ora, sou Wellington, o todo-poderoso da comunidade. E mais uma vez me assustei, pois acredito que ela tenha lido meu pensamento, ao dizer:

– Repito: você não tem jeito. Assim como eu não tenho mais jeito. Estamos condenados ao fogo do inferno. Não há o que fazer. Minhas forças já não são as mesmas. Os espíritos que me ajudavam e faziam os "trabalhinhos" estão me tratando como se eu fosse escrava deles. E olha que eram pequenos trabalhos, como separar casais, preparar venenos para assassinatos e por aí vai.

Comecei a sentir náuseas. O cheiro do lugar era horrível. De repente, ouvi um estrondo muito forte, e tudo ficou escuro. Não vi mais nada. A tapera da senhora Gertrudes foi coberta com lama, tendo em vista o desabamento do morro, que se situava acima da casa, em razão das fortes tempestades.

Consegui abrir os olhos depois de um tempo que não sei mensurar, mas não conseguia me mexer. Estava soterrado, com toneladas de lama sobre meu corpo. A dificuldade para respirar era enorme. Pronto, pensei, fui enterrado vivo. Graças a Deus (falei a palavra Deus mecanicamente, desprovida de sentimentos nobres), vou morrer e tudo se acaba. Porém, eu não morria, e meu desespero aumentava. Era aterrorizante ficar paralisado sob a lama. Os vultos riam de mim, até que acredito que desmaiei e, por alguns momentos, não vi mais nada.

Quando dei por mim, percebi que meu corpo estava deitado no meio de uma rua, pois escutei pessoas dizerem: "Esse aí não tem jeito. Está morto. Que Deus tenha piedade desse irmão. Permaneceu durante horas soterrado vivo".

Não! Gritava eu em pensamento. Estou vivo! Não entendo porque não consigo me mexer. Deem-me algum remédio. Vocês não veem todas essas pessoas rindo de mim e querendo me pegar? Salvem-me desses loucos, pelo amor de Deus. As pessoas que olhavam meu corpo inerte ao chão não viam, e nem mesmo ouviam os tais sujeitos que eu nomeava de loucos, pois eram espíritos querendo se vingar de mim.

Até que os vultos começaram a me amarrar espiritualmente ao chão da rua. E, nesse momento, eu já não sabia mais distinguir espíritos encarnados de desencarnados. Tais vultos me davam socos, tapas e cuspiam em mim. Não tenho como descrever o tamanho do meu desespero. Até que vi, fora do corpo, meu corpo carnal inerte no chão da rua. Os vultos, muito rapidamente, amarraram-me dos pés à cabeça. Não havia como me defender. As cordas apertavam meu corpo de modo a sangrá-lo. Não conseguia me mexer e os vultos... Ah! Os vultos! Estavam, eles todos, às centenas a minha volta, rindo muito de mim. "Você está morto, desgraçado. Como vê, estamos aqui te esperando...".

– Soltem-me, seus desgraçados – consegui falar. – Vocês merecem todo o mal que fiz a vocês. Vou achar minhas armas e acabar com tudo isso, disse eu.

Porém, fui obrigado a me calar, pois, a cada palavra proferida, a corda ao redor do meu corpo mais se apertava. Estava sufocado. Até que uma menina, que me fez lembrar uma das quais estuprei, falou para mim:

– Agora você vai ser levado ao nosso chefe maior. Ele nos ajudou a te pegar, desgraçado. Cala a boca, caso contrário, aperto mais ainda a corda em seu corpo, que já está em farrapos.

"Ai meu Deus"[5] – pensei "nada disso pode estar acontecendo. Estou tendo um pesadelo".

Não era possível. Sou "proprietário" da "minha" comunidade. Quem esses infelizes pensam que são? Mas a corda se apertou ainda mais e recebi algumas chibatadas.

---

5 A palavra Deus, nesse momento, foi pronunciada mecanicamente. (Nota do Wellington)

Sendo assim, exausto e sem forças, resolvi pedir ajuda ao demônio. Nesse momento apareceu um homem de horrível aparência, que disse que não só ele como vários outros demônios me ajudariam. Acreditei e pensei: "Agora estou salvo". Ledo engano, pois recebi, desses, mais chibatadas. Desse modo, resolvi calar meus pensamentos. Já não suportava mais as dores, frio, sede e fome. Estava completamente exausto.

– Ah! Está exausto? Mas você não estava exausto quando obrigou meu filho de nove anos a usar drogas. Onde está o todo-poderoso? Perguntou-me um dos que me chicoteava.

– Ah! Está exausto? Mas você não estava exausto ao estuprar minha filha de apenas 13 anos.

– Ah! Está exausto? Mas você não estava exausto ao mandar assassinar meu filho de 17 anos por dever dinheiro ao mundo do tráfico de drogas ilícitas.

E, assim por diante...

Meus olhos estavam vidrados. Não queria falar e pensar em mais nada. Porém, os socos e chibatadas continuavam. Quando, de repente, como em um passe de mágica, fui transportado pelos vultos para a entrada de uma caverna.

A entrada da caverna era bem pequena, e como eu estava todo amarrado e de pé, fizeram com que eu dobrasse o corpo, ou seja, colocaram minha cabeça e troncos a encostar nas pernas para poder entrar na caverna. Gritei desesperado de dor. Minha aparência era a pior possível, havia sangue seco e molhado por todo o corpo. E eu não me conformava com minha situação. Como era possível um "morto" sentir todas as sensações dos vivos? Eu sangrava, tinha sede, fome, frio e sentia que ardia em febre.

Dentro da caverna, eu me vi em um estreito e sufocante corredor de terra. Jogaram-me ao chão e fui sendo empurrado aos chutes até que, de repente, abriu-se um espaço muito grande dentro da tal caverna, que estava lotado de espíritos com aparência horrível, e, ao fundo, sentado em uma enorme poltrona que parecia feita de madeira na cor escura, com um chifre desenhado de cada lado: ele, o Edmilson.

CAPÍTULO V

A "vida" dentro da caverna

– Ora. Ora. Muito bem... O traidor que envenena ex-companheiro de crime voltou! Aguardo o há tempos. Bom... Bom... Vamos ver o que fazer com ele.

– Coloquem o desgraçado no "micro-ondas", gritaram alguns!

Assustei-me. Não sabia o que era "micro-ondas"[6]. Porém, para meu completo desespero, rapidamente aprendi. Colocaram-me no meio do tal salão, amarraram tiras de borracha ao redor do meu

6 Atualmente, a palavra "micro-ondas" é uma gíria utilizada por traficantes de drogas, que consiste na prática criminosa e cruel de circundar o corpo de uma pessoa com pneus e atear fogo. (Nota do Wellington)

corpo e atearam fogo. Aqui, não tenho como descrever as dores, pois não existem palavras para tal. Mas o pior é que nem morrer eu morria, pois já estava morto. Depois de queimar durante um tempo que me pareceu uma eternidade, a um gesto de Edmilson, o fogo foi apagado. Todas as tiras de borracha já haviam queimado, e fiquei caído, inerte, no chão de terra da caverna. Não conseguia mover um músculo. E quando imaginei, por alguns instantes, que não fariam mais nada comigo, escuto Edmilson gritar para a multidão:

– E agora, meus amigos, o que fazemos?

– Envenena-o como ele fez com você! Urrava a multidão diabólica.

Eu não podia acreditar no que via e ouvia. Quando estava encarnado, preferia acreditar, por conveniência, que, com a morte do corpo, tudo se acabava. Quantos enganos! Pois não é que ali, bem na minha frente, estava o Edmilson, mais vivo do que nunca? "Meu Deus – pensei – será que todos que eu matei e mandei matar estão aqui?"

– Não, imbecil, você não tem todo esse poder – falou Edmilson.

Para minha surpresa, assim como a senhora Gertrudes, ele também tinha o dom de ler pensamentos.

– Silêncio! – Bradou Edmilson.

Todos se aquietaram. Não se ouviu um único som. E Edmilson voltou a falar:

– Vai se borrar de novo, moleque? Onde está aquele que se achava o "todo-poderoso" e me traiu ao assassinar-me com veneno?

E, para deleite geral, eu me borrei de novo, como da primeira vez. As gargalhadas eram sinistras. Estava pasmo, pois, repito: não me conformava que a morte existisse. Eu continuava igual, quero dizer, muito pior, uma vez que as sensações humanas de dor, fome, frio, sede e desespero, durante a estada na Terra como encarnados, são infinitamente menores das que sentimos quando "mortos".

Mais sinistras gargalhadas saíram da boca de Edmilson.

– Ora, ora... O que querem que eu faça com o traidor? – Gritou Edmilson.

– Envenene-o como ele fez com o senhor! – Gritava a multidão.

Tamanho era meu desespero que, apesar de quase não ter voz, tendo em visto minha fraqueza completa, consegui falar e suplicar misericórdia, ajoelhado. Mais gargalhada geral.

– Isso mesmo, vocês tem razão. Este traidor deve sentir a garganta e o estômago queimarem com um veneno ainda mais forte do que ele me fez tomar – bradou Edmilson.

E, sendo assim, Edmilson colocou o pé, calçado com uma enorme bota preta, sobre meu rosto (da mesma maneira que fiz com tantos seres humanos quando era traficante de drogas), abriu minha boca com suas duas mãos e derramou um líquido viscoso com sabor e odor horríveis. A sensação foi terrível. Senti a garganta e o estômago em brasas. Mas o pior é que eu não desmaiava. Continuava acordado, vendo e sentindo tudo.

– Agora – falou Edmilson –, tirem o desgraçado daqui. Joguem o que sobrou dele na cela número "01", até segunda ordem. Agora tenho outros afazeres. A farra, por hora, acabou.

Quatro homens me levantaram e me carregaram até a tal cela. Nesse ponto, chamo a atenção do leitor e da leitora para os seguintes fatos: as celas que existem no plano encarnado do Brasil são verdadeiros paraísos perto da que me encontrei no Plano Espiritual; as sensações no Plano Espiritual são sentidas muito mais potencializadas que no Plano Físico. Portanto, as dores físicas e morais são bem maiores; e se Edmilson e os irmãos e irmãs que se encontravam na caverna tivessem a mínima consciência dos débitos que estavam adquirindo para si com tais atitudes de vingança, com certeza não estariam escravizando e aniquilando irmãos e irmãs.

Ora, o que se conhece por justiça feita com as próprias mãos, não é justiça de forma alguma. Somente Deus tem o poder de fazer justiça. A justiça é sempre a divina. Obviamente que, se o Edmilson e todos os irmãos e irmãs que se encontravam na caverna tivessem consciência de que a vingança somente acarreta mais sofrimentos e débitos para suas vidas, não o fariam. Estariam trabalhando conforme as Leis de Deus para a construção de um mundo melhor. E aqui, vocês leitores e leitoras, podem me perguntar: "se eu escapasse da vingança dessas pessoas, sairia ileso de todos os meus crimes?"

Não. Minha consciência não me permitiria. Eu mesmo me puniria, talvez sofresse até mais do que estava sofrendo nas mãos dos irmãos e irmãs da caverna. E a justiça Divina sempre é feita. Mas não a justiça de um Deus que aponta o dedo acusador e que envia vários castigos. Ao contrário, um Deus que auxilia, como um pai amoroso, nas maneiras de trilhar o caminho do amor e caridade consigo mesmo e com todos os irmãos e irmãs encarnados e desencarnados, por meio de lições necessárias vivenciadas nos Planos Físico e Espiritual.

E, retornando ao relato do que me ocorreu na caverna, conto a vocês, amigos e amigas, que eu estava desesperado por água. Precisava de água, do contrário, iria morrer. Ora, morto eu já estava. "Ah, sim – pensei – agora entendi: estou no inferno".

– Não, você não está no inferno. Este lugar é um paraíso perto do inferno. Eu já estive por lá – disse um maltrapilho, feito eu, que estava dentro da cela.

– Como vocês conseguem ler pensamentos? – Perguntei com um fio de voz que me restava de voz nas cordas vocais.

– Ah! Isso a gente aprende com o tempo. Se você quiser, eu posso te ensinar.

– Eu preciso de água, pelo amor de Deus (Deus pronunciado de forma mecânica).

– Se o Edmilson descobre que você chama por Deus, ele vem aqui e te dá algumas chibatadas.

– Por favor, consiga água para mim.

– Água por aqui, só aquela que escorre da parede. Você "enfia" o rosto por onde ela cai e tenta engolir algumas gotas – disse o maltrapilho.

Achei o homem um maltrapilho somente porque eu não estava me enxergando em um espelho. O aspecto dele era muito melhor do que o meu.

– Bem – continuou o maltrapilho – meu nome é Adolfo. Vou desamarrar você para que possa tomar água.

Arrastei-me como pude. Enfiei o rosto na terra e, com a língua, consegui ingerir algumas gotas de água barrenta e mal cheirosa. Mas, tendo em vista o veneno que havia tomado, ao tomar a água, senti muitas dores na garganta e no estômago.

– O jeito, agora, é você tentar ficar quieto para, quem sabe, se recuperar um pouco, falou Adolfo.

Mas como eu queria fazer muitas perguntas e não o podia por meio de minhas cordas vocais, comecei a enviar pensamentos para esse homem, ao que ele prontamente me respondia. Achei incrível conversar assim.

– Adolfo, como é que vou me recuperar em um lugar desses? Impossível. Quanto tempo eu vou permanecer por aqui?

– Isso eu não sei te responder. Eu já perdi a conta do tempo que estou por aqui. Meu tempo aqui vem bem antes do senhor Edmilson. Não consigo me libertar desta cela de forma alguma. Às vezes, os escravos do Edmilson me tiram daqui, batem em mim por pura diversão e me jogam aqui de novo.

– Escravos do "senhor Edmilson", como assim?

– Sim, escravos. Todos que estão dentro desta caverna são escravos do senhor Edmilson. Nós o obedecemos cegamente. E é melhor você fazer o mesmo, caso contrário, vai ganhar de "presente" muito mais sofrimento.

– E Deus? (ao dizer a palavra "Deus", senti mais dores pelo corpo).

– Repito, é melhor você não pronunciar esse nome. Aqui é proibido. O Edmilson sempre sabe quando o falamos e nos castiga ainda mais.

– Mas deve haver um jeito de sairmos daqui.

– O único jeito, que eu saiba, pelo qual é possível sair daqui é por meio da "Luz". Existem seres com muita luz que levam muita gente daqui. Volta e meia eles aparecem. A luz desses seres é tamanha que eu não consigo ficar com os olhos abertos. Eles já me chamaram para ir com eles, mas recusei, pois, além de eu não merecer ajuda, tenho muito medo, porque conheço vários casos de companheiros de cela que foram com a "Luz", não quiseram continuar nesses lugares da "Luz", fugiram, e foram recapturados pelo senhor Edmilson. Ao retornarem para cá, o sofrimento aumentou ainda mais.

– Mas quando essa "Luz" vai voltar? Vou com eles e depois fujo e volto para a Terra.

– Eu não sei quando eles vão voltar. Mas parece que se você os chamar eles vêm até você, falou Adolfo.

Sendo assim, mesmo com a garganta queimando em brasa por conta do efeito do veneno, consegui falar por meio de minhas cordas vocais:

– Venha "Luz", já que você é tão poderosa e sabe como me tirar daqui.

Nada...

Tentei de novo:

– Venha "Luz", já que você é tão poderosa e sabe como me tirar daqui.

Nada...

– Ah! Adolfo, isso é balela. Que mentira. Que "Luz"! Que nada. A gente não tem mais jeito. Estamos esquecidos e vamos queimar para sempre no inferno.

– O que eu sei também é que a ajuda vem, mas somente quando pedimos do fundo da alma, com o coração, e verdadeiramente nos arrependemos de atitudes que sabemos que cometemos erroneamente. Mas, como é seu nome?

– Wellington.

– Sim, bonito nome: Wellington. Sabe, de uns tempos para cá, comecei a pensar no que eu fazia quando vivo na Terra. Eu vendia todo e qualquer tipo de droga entorpecente. O dinheiro vinha fácil e ia embora, obviamente, de forma mais fácil ainda. Eu ficava em portas de escolas de gente rica e, primeiro fazia amizade com crianças e adolescentes, e, a partir daí, para fazê-los comprarem drogas era um passo.

– Eu sei – prosseguiu Adolfo – que eu coloquei muita gente na droga. E quando um membro de uma família entra para as drogas, a família toda adoece. É um desespero total.

– Sei bem tudo isso – Wellington – porque depois que eu morri, sabe quem eram as pessoas que me esperavam do lado de cá e aqui me trouxeram?

Antes que eu respondesse, Adolfo prosseguiu:

– Os pais de adolescentes e crianças que compraram drogas de mim. Muito da multidão que é escrava do senhor Edmilson é formada por esses pais que querem se vingar dos traficantes de drogas. Eles aceitam serem escravos do Edmilson desde que este os ajude a acabar com aqueles que levaram seus filhos ao vício e/ou ao tráfico ilegal[7].

Aqui faço um aparte para informar os leitores e as leitoras que o diálogo entre mim e o Adolfo estava sendo assistido pelos irmãos da Luz. Pela primeira vez, desde que o Adolfo se encontrava em tal situação na caverna, ele havia conseguido abrandar o coração, e com isso permitiu que a "Luz" fosse intuindo-se em seus pensamentos. Eu e ele não fazíamos a mínima ideia disso.

– E como é que você morreu? Perguntei.

– Morri da forma como morrem 99,99% dos que trabalham com o tráfico de drogas, ou seja, assassinado e ainda jovem. Você sabe que criminoso não tem vida longa. Aliás, não tem vida, pois viver da desgraça do outro não é vida.

Nesse momento, Adolfo começou a chorar desesperadamente, e não em pensamento, mas com suas cordas vocais. E para nosso desespero, veio um "escravo" do senhor Edmilson (achei melhor chamá-lo de senhor, pois estava com medo dele), entrou na cela, chamou mais três de seus comparsas, amarrou nossas mãos e pernas e nos arrastaram para o centro do tal enorme salão.

Fomos amarrados em paus fincados no chão. Ficamos desse jeito por muito tempo. Eu já não suportava tantas dores. Olhava meu "amigo", e nem por pensamentos ele tinha forças para falar comigo.

Até que depois de muito tempo apareceu o "senhor Edmilson". A multidão se curvava por onde ele passava.

– Então os dois franguinhas estão de conversa! Muito bem! O que vocês querem que façamos com eles.

---

7 Esses pais não tinham consciência de que seus filhos tiveram o livre-arbítrio para serem usuários de drogas. Colocar a culpa de nossos problemas nos outros não resolve a questão. (Nota do Wellington)

– Que eles sejam forçados a fumar *crack*[8], e se tornem viciados novamente, e sintam a falta da pedra, gritaram vários no meio da multidão.

E assim foi feito. Forçaram-nos a fumar *crack* e nos jogaram de volta para a cela número "01". Nosso desespero foi enorme, pois nos viciamos quase que imediatamente e o desespero por obtermos mais pedras de *crack* para fumar deixou-nos enlouquecidos. De volta à cela, implorávamos por pedras de *crack* aos escravos do Edmilson, mas eles não nos davam e ficamos nesse sofrimento por muito, muito tempo. Até que nos retiraram novamente da cela e, para nosso suplício, fomos levados, mais uma vez, e outras mais, ao meio do salão.

Éramos amarrados, eles nos forçavam a fumar ópio, maconha, *crack*, cheirar cocaína, usar todo tipo de droga que eu nem mesmo sabia que existia. E depois de muito drogados, éramos molestados sexualmente. Eu pedia para morrer. Mas lembrava-me que já estava morto. Via meu amigo em trapos, e foi aí que vi o Adolfo amarrado, como eu, no meio do salão, pedir ajuda do fundo do seu ser. Pediu verdadeiramente ajuda, e suplicou perdão dos erros que havia cometido ao assim gritar com o que restava de suas forças:

– Deus! Me tira deste sofrimento! Perdão Deus! Perdão a todos aqueles que eu induzi a traficar ou transformarem-se em consumidores de drogas.

E assim orando, de repente, a multidão se silenciou e uma enorme luz azul-clara iluminou todo o salão. Vários espíritos iluminados

---

8 Conheci o *crack* no mundo espiritual, uma vez que tal droga não existia quando da primeira vida como encarnado, que ora conto para vocês, leitores e leitoras. Na verdade, tal droga antes de "chegar" ao Plano Encarnado havia sido desenvolvida no Plano Espiritual por espíritos que ainda trilham ou trilhavam a época no caminho contrário às Leis de Deus. (Nota do Wellington)

adentraram o recinto. E meu amigo Adolfo e muitos outros foram levados por esses seres, em macas. O "senhor" Edmilson ficou paralisado. Espíritos iluminados tentaram trazê-lo, além dos outros ali presentes, à razão, mas ele e vários deles não aceitaram e preferiram continuar no caminho que acreditavam, iludidos, ser o melhor.

"E agora? – pensei – sem o Adolfo vou ficar sozinho. Não vou aguentar. Por que será que a "Luz" não me levou?"

O problema é que, no fundo do coração, eu me achava merecedor de todo aquele sofrimento. Tinha vergonha de Deus. Não conseguiria olhar os espíritos da luz. A culpa me corroía por dentro.

Sendo assim, novamente fui arrastado para a caverna e, desta vez, sem meu amigo Adolfo.

CAPÍTULO VI

Minha amada avó Maria Joaquina

Muito tempo se passou. Não sei precisar quanto, só sei que, para mim, a sensação era que eu estava naquele suplício desde sempre e estaria eternamente. Não tinha mais forças, nem ao menos para me sentar no chão. Vivia completamente largado naquela cela imunda, a tomar a água podre que saia por um filete da parede da caverna.

Meu orgulho começou a ceder completamente. Estava cansado. Aquela cela, as cenas horríveis comigo e outros no centro do tal salão, a água podre, a falta de comida (comia terra, literalmente), as dores físicas e morais. Ah! Que saudades das doces palavras de minha avó Maria Joaquina e do seu arroz com feijão. Ah! Que saudades do amor emanado dos olhos da linda morena de cabelos e olhos negros da praia de Ipanema! Ah! Que saudades de ver e sentir o calor sol.

Ah! Que saudades de andar sobre a areia do mar com os pés descalços! Ah! Que saudades de ver o nascer e o pôr do sol. Ah! Que saudades de jogar bola no fim da tarde com meus amigos de infância. Ah! Que saudades dos professores voluntários da escola de música da comunidade em que nasci, que proferiam palavras doces ao incentivar-me a estudar música. Ah! Que saudades da vida que eu possuía, e que agora eu percebia que havia possuído muito mais bênçãos do que dissabores.

Será que teria valido a pena tudo que eu fiz por simples pares de sapatos, relógios ou roupas de gente rica? De que me adiantou ter tudo isso? Os sapatos, relógios e roupas não tinham nenhum poder para me tirar dali. E o Edmilson? Na verdade, ele é um pobre coitado feito eu. Sua consciência, um dia, vai lhe cobrar todos os atos! Senti pena dele e orei por ele.

E as moças que eu obriguei a ficarem comigo? Quanta estupidez e maldade eu cometi. Vender drogas, assaltar, matar, enfim, destruir vidas por simples pares de sapatos? Por que eu fiz tudo isso? Mas o pior de tudo era assassinar pessoas. Que direito eu tinha de matar ou mandar matar quem quer que seja? O momento da morte é tão somente escolhido por Deus.

Eu nunca fui o "todo-poderoso" que acreditava ser. Quando eu vivia na Terra, era feito de carne e osso, assim como todos os outros. A menina da praia de Ipanema era um ser humano, a demonstrar muito amor. E eu, com meu complexo de inferioridade e orgulho, não nos tinha dado a chance de ao menos sermos amigos.

As diferenças de classe social, agora percebia, são criações do próprio homem. Todo ser humano encarnado na Terra é filho de Deus, ou seja, do mesmo pai. Todos recebem a mesma luz do sol.

Ah! Pensei. Realmente eu não mereço perdão. Deus não deve nem querer ver-me. O certo mesmo é que eu pague pelos meus erros neste lugar horrendo e, talvez, eternamente. Mas lembrei-me de minha amada e carinhosa avó Maria Joaquina e dos olhos de amor da bela morena. Imaginei-me no colo carinhoso de minha avó Maria Joaquina!

E, apesar das dores, consegui ajoelhar-me e chorei. Chorei para valer. Tudo que estava represado, saiu. As lágrimas correram soltas. Companheiros de cela nem se atreveram a chegar perto de mim. Ficaram com medo. E, depois de tanto chorar, levantei os braços para o teto da cela, e este se abriu como se fosse o céu azul e estrelado que vemos da Terra, e pedi perdão a Deus com toda a força do meu âmago e da minha alma. Pedi ajuda.

Deus, perdoe-me. Preciso de seu auxílio. O que devo fazer para obter seu perdão e o de todos aqueles para quem tanto mal causei? Os seres de Luz não vêm até mim porque eu não mereço. Mas peço clemência!

– Quem disse que os seres de Luz não vêm até você? Eles estavam ao seu lado o tempo todo, tentando auxiliá-lo. Você se recusava a senti-los e vê-los.

– Quem fala comigo? – perguntei – Não vejo ninguém.

Neste momento, apareceu uma pequena luminosidade e, de repente, vejo minha amada avó Maria Joaquina envolta em uma luz de cor azul-clara a me olhar com o mais doce dos olhares. Ela estava acompanhada de outros espíritos que irradiavam uma luz branca tão forte que fui obrigado a fechar os olhos. Caí no chão e enterrei o rosto na terra da cela. Eu não era digno de olhar minha avó e os irmãos e irmãs de luz. A vergonha era grande demais. Não era justo eu ser perdoado pelas atrocidades que havia cometido.

– Meu neto amado, errar não é errado. O errado é ter consciência do erro, saber de suas consequências, mas, ainda assim, optar por repeti-lo. Você agiu como soube agir. Iludiu-se acreditando que o crime era o caminho mais fácil. Iludiu-se por um punhado de relógios, roupas e sapatos que são coisas materiais e, portanto, efêmeras.

Não me atrevia a olhar para minha avó. Continuei com a cabeça "enterrada" no chão. Porém, pensei: "Eu não deveria ter tido vontade de ter coisas de 'bacana'".

Minha avó respondeu:

– Não há mal algum em querer comprar um bom sapato, um bom relógio e uma boa roupa. A questão é a maneira como se obtém o dinheiro para tal. E, é importante ter parcimônia ao comprar coisas materiais. É só isso.

Chorei novamente. Muito. Muito... Ainda não tinha coragem de olhar minha avó. Não me achava digno.

– Filho, a culpa não leva ninguém a lugar algum. Aliás, leva sim, leva ao caminho de mais e mais sofrimentos. Chega de torturar-se tanto. Olhe para mim e venha me dar um abraço. Estou com muitas saudades do meu amado menino.

Minha avó segurou meus ombros, fez com que eu retirasse o rosto da terra e a olhasse. Nesse momento, achei que fosse desfalecer, mas me sustentei pelo forte e belo olhar de minha avó. Acariciou meus cabelos, deu-me água limpa para beber e, então, adormeci.

CAPÍTULO VII

O difícil despertar

Dormi. Dormi. Até que abri os olhos e percebi que estava deitado em uma cama limpa e cheirosa, e meu corpo[9] também estava limpo e cheiroso. "Acredito que me deram banho[10]", pensei, e adormeci novamente.

Tempos depois, abri novamente os olhos e achei que estava sonhando, porque vi minha avó a me sorrir e pedir que eu continuasse

---

9 "Corpo", neste caso, é o espiritual, já que neste momento da história eu me encontrava no Plano dos Desencarnados. Mas a sensação que eu ainda tinha era de um corpo carnal. (Nota do Wellington)

10 Realmente, os espíritos tinham me dado "banho", mas não com a água da Terra do Plano Encarnado, como eu ainda supunha, mas energeticamente. (Nota do Wellington)

descansando. Obedeci, mesmo porque eu sentia muito medo de acordar. Era melhor não ver mais nada. Pois, o que poderia acontecer se o Edmilson me descobrisse ali? Iria acabar comigo. Em ocasião desse pensamento, estremeci de pavor, e minha avó, com doces palavras dirigidas aos meus ouvidos, fez com que eu caísse novamente em sono profundo.

Tendo passado mais algum tempo, escutei novamente minha avó Maria Joaquina me dizer:

– Filho. Que tal abrir os olhos?

Respondi em pensamento que não, pois do jeito que estava era melhor.

– Mas, uma hora você vai despertar. Aliás, você está neste estado de dormir e acordar por rápidos minutos, vez ou outra, há cerca de sete anos espirituais.

"Sete anos[11]? Como pode?", pensei. Até que resolvi abrir os olhos completamente, pela primeira vez, desde meu resgate na caverna. Olhei minha avó e as palavras me faltaram. Lágrimas começaram a escorrer pelo meu rosto e logo se transformaram em um choro convulsivo que fez com que eu começasse a me debater desesperado na cama.

Nesse momento, minha avó e outros espíritos que não conheço vieram à minha cama e puseram suas mãos sobre mim[12]. Acalmei-me e novamente adormeci. Dessa vez, soube, por intermédio de

---

11 A passagem do tempo no Plano Espiritual é completamente diferente daquela do Plano Físico. A sensação da passagem do tempo no Plano Terreno é diversa da sensação no Plano Espiritual. Não tenho, neste livro, permissão para explicações a respeito. Nesse caso, a senhora Maria Joaquina faz menção aos sete anos espirituais. (Nota do Wellington)

12 Eu não sabia que aqueles espíritos abnegados estavam me dando um passe espiritual, ou seja, eu recebia uma transfusão espiritual de amor. (Nota do Wellington)

enfermeiros que trabalhavam no quarto em que eu estava, que adormeci por mais sete meses espirituais.

Até que, finalmente, acordei. Estranhei, pois minha avó não estava ao meu lado. Será que eu sonhei com ela ou realmente a vi? Fiquei quieto. Olhei o teto do lugar onde eu me encontrava e vi a pintura de nuvens sobre um céu azul muito bonito. O cheiro do lugar era incrivelmente bom, agradável. Eu nunca o havia sentido quando estava no plano encarnado.

Escutei o barulho suave de uma cachoeira que parecia se situar distante do lugar em que eu estava. E, também, ouvi uma música cujo som me transmitia uma paz muito boa, embora ainda estivesse com medo de acordar e ser colocado naquela caverna novamente, pelas mãos dos escravos do Edmilson ou por ele próprio.

A um leve lembrar da caverna, estremeci, mas, ainda assim, sustentei meus olhos abertos, até que se aproximou de mim um moço com aparência de uns vinte e poucos anos terrenos. Apresentou-se como Francisco e perguntou como eu me sentia.

Tentei abrir a boca para responder, mas não tive forças. Não consegui articular palavra alguma. Falei em pensamento, de modo espontâneo, que acreditava estar melhor.

Francisco captou meu pensamento, uma vez que falou comigo com um terno sorriso:

– Que bom que está melhor! Fico muito feliz. Parabéns por acordar. Agora, vou te ajudar a se sentar um pouco nesta cama. Aproveite para olhar este maravilhoso local de refazimento em que se encontra, enquanto lhe sirvo uma deliciosa refeição.

Ao ouvir a palavra "refeição", eu me dei conta de que estava com a mesma sensação de fome em que nos encontramos quando estamos no plano encarnado. Sendo assim, senti a minha cama levantar-se cerca de 70 graus na cabeceira[13], e então pude ver o lugar em que me encontrava: tratava-se de um quarto muito aconchegante. Havia 20 camas, estando elas posicionadas de forma a ficarem dez de cada lado. Atrás das fileiras de dez camas, havia duas janelas enormes, que se iniciavam próximas ao chão e terminavam quase no teto.

Essas janelas têm vigas pintadas de branco chamuscado, feitas de um material que se parece com a madeira do plano terreno. Entre as vigas, havia vidros que lembravam os mais lindos cristais da Terra Física. As janelas eram cobertas por cortinas, e percebi que seus tecidos deviam ser muito leves, de cor amarela bem clara.

Atrás das cortinas, enxerguei um maravilhoso jardim. A temperatura do quarto era muito agradável. Nem calor, nem frio. Tratava-se de uma temperatura que nos faz sentir muito bem. Só havia homens deitados nas camas do quarto. Alguns homens dormiam tranquilamente. Outros estavam acordados, a conversar com pessoas como Francisco. Ou, ainda, vizinhos de cama conversavam.

Porém, apesar das conversas, o ambiente era silencioso. Não sei explicar. Também havia homens com aparelhos nas mãos que eu nunca tinha visto. Eram telas finas como uma folha de papel, com cerca de 40 ou 50 cm. Soube, por intermédio de Francisco, que meus colegas de quarto liam por meio dessas telas ou assistiam a algo. E, tempos depois, quando já estava bem melhor, recebi uma "engenhoca" daquelas, que adorei. Descobri o mundo dos bons livros e, também, de músicas e belos filmes disponíveis ainda somente no Plano Espiritual.

---

13 Francisco a levantou com a força do pensamento, mas, naquele momento, achei que era alguma mágica. Muito tinha que aprender quanto ao Plano Espiritual. (Nota do Wellington)

"Que lugar diferente! Onde estou? Quer dizer, estou seguro aqui? Muita gente quer me pegar – pensei este local parece o Paraíso, por conta de tanta paz que me faz sentir. Mas eu não deveria queimar para sempre no fogo do inferno?"

Francisco me olhou, leu meus pensamentos e disse para que eu ficasse calmo e confiasse em Deus. Ao lado de minha cama, havia um "criado-mudo". Esse móvel, em relação a minha vista, parecia pequeno. Mas percebi que, do lado de dentro, o móvel era maior do que se podia ver por fora. Não entendi[14].

Bem, o fato é que Francisco tirou desse móvel um prato branco com uma linha fina e dourada envolta na borda, como enfeite. Pelo menos, deduzi que se tratava de um enfeite. Dentro do prato havia um líquido que se parecia com um caldo ralo, de cor amarela muito vibrante. Apesar de parecer um caldo do Plano Encarnado, comida, aliás, que não era minha preferida, pois para mim lembrava comida de pessoas doentes, o fato é que o tal caldo parecia muito apetitoso e tive vontade de ingeri-lo.

Assim que Francisco pegou o prato, da lateral da minha cama saiu, como num passe de mágica[15], uma pequenina mesa que, sozinha, se postou à minha frente. Francisco colocou o prato em cima dessa mesinha e me deu uma colher. Lentamente e sozinho, e sem necessitar do auxílio de Francisco, comecei a tomar o caldo. Surpreendi-me com o sabor maravilhoso, o qual não sei descrever, pois desconheço tal sabor no Plano Encarnado ou algo semelhante

---

14 A noção de espaço no Plano Espiritual é completamente diferente do Plano Encarnado. Nós, do Plano Espiritual, não temos permissão para mostrar como isso se dá. Saibam, entretanto, que um dia esse conhecimento chegará à Terra do Plano Encarnado. (Nota do Wellington)

15 Não houve mágica alguma com a mesinha para a refeição. Francisco, por meio do pensamento, levantou a mesinha e a colocou em meu colo. (Nota do Wellington)

para servir como comparação. E, a cada colherada, ia me sentindo mais revigorado. "Como um simples caldo pode ser tão forte e dar sensação de saciedade?". Achei que devia haver uma espécie de remédio naquele líquido.

Depois de tomar todo o caldo, Francisco me entregou um copo que parecia conter água. Sem mais pensamentos, tomei o líquido e mais uma surpresa. O sabor era muito agradável, e lembrou-me o gosto, embora distante, do suco de laranja.

Francisco, ao perceber minhas dúvidas e questões, falou:

– Isto que você chama de "caldo", contém energias sutis de amor, paz e uma substância preparada, aqui no mundo espiritual, que o auxilia em seu revigoramento. Para termos de comparação, podemos dizer que a tal substância é chamada, na Terra, pelos encarnados, de vitaminas. E, este líquido no copo, que se parece com água, contém energias cicatrizantes para as feridas que você ainda tem no corpo. Esses alimentos te auxiliarão em sua recuperação, mas, saiba: o maior responsável por isso, sua recuperação, é você mesmo!

Mil perguntas pairavam na minha cabeça. Mas não conseguia articular uma palavra sequer. Tinha medo que alguém ouvisse minha voz e me levasse novamente para o suplício da caverna.

– Se quiser, utilize sua voz para falar. Você está protegido.

– Olá, consegui balbuciar.

– Muito bem, Wellington: olá!

– Obrigado. Onde estou? – Consegui melhorar a voz.

– Em um pronto socorro espiritual chamado "Ponto Azul-Celeste de Luz", próximo à crosta terrestre. Geograficamente, para o Plano dos Encarnados, estamos localizados acima da região serrana do Estado do Rio de Janeiro, ao Sul da cidade terrena conhecida por Teresópolis.

Não vi mais nada e, mais uma vez, caí em sono profundo, até que novamente acordei e olhei Francisco ao meu lado com um largo sorrido, a me dizer que eu tinha dormido por mais um mês, em relação ao tempo espiritual. Inclinou minha cama com a força de seu pensamento. Sentado à cama, perguntei por meio das cordas vocais do meu corpo espiritual, sem notar que falei sem sentir medo.

– Onde está minha avó? Por que ela não está aqui comigo?

– Sua avó está com seus próprios afazeres. Ela é uma excelente e incessante trabalhadora do Plano Espiritual, e está sempre velando e cuidando de você. Envie a ela, por pensamento, palavras de amor, que ela as receberá e você poderá sentir a presença da senhora Maria Joaquina por meio do seu coração.

Concentrei-me, fechei os olhos e consegui enviar sentimentos de saudades, gratidão, amor e um pedido de perdão. Senti que minha avó me sorria, dizia que me amava, e que eu ficasse tranquilo e confiasse em Deus. Abri os olhos, rasos d'água, e consegui perguntar, com as cordas vocais espirituais, quando ela viria me ver. Francisco me disse que a visita se daria no momento possível, e convidou-me para dar uma volta pelo quarto em que eu estava.

– Tenho vergonha, falei. Você sabe todas as atrocidades que cometi por relógios, roupas e pares de sapatos?

– Quem sou eu ou quem quer que seja para te julgar? E se eu já fiz coisas piores do que você? Já pensou nessa possibilidade?

– Duvido. Não creio que alguém tenha agido pior do que eu no Plano Encarnado da Terra. Além do mais, você se parece com um anjo, só que não tem asas.

Francisco deu uma boa risada e disse que não era anjo. Explicou-me ser comum a existência de espíritos como ele, cujo trabalho é o auxílio de espíritos em refazimento, serem confundidos com anjos. Na verdade, Francisco deixou claro que era um espírito em evolução, assim como eu.

Eu não acreditei muito, continuei achando que Francisco era um anjo, e consegui sorrir para ele, sorriso, aliás, que não me lembro da última vez que havia dado, há muitos e muitos anos, tanto como encarnado quanto como desencarnado.

– E aí, meu amigo? Já está até sorrindo. Vamos dar uma volta?

"Amigo – eu pensei – nunca alguém me chamou assim". Lembrei-me do companheiro de cela Adolfo. Como será que ele estaria? Considerava-o um amigo.

– Tenho certeza de que você teve amigos quando encarnado. Basta lembrar-se dos jogos de futebol na praia com seus amigos de infância. Comentou Francisco ao ler meus pensamentos.

Lembrei-me do Jacson, filho da senhora Isilda. Gostava demais desse meu amigo de infância, porém, eu me sentia culpado, pois o tinha forçado a traficar e, depois, quando ele se voltou contra mim, e eu o assassinei com minhas próprias mãos. Ao pensar assim, senti uma profunda dor no peito, que fez com que eu perdesse o fôlego.

Francisco pôs suas mãos sobre o meu peito, e delas saiu um facho de luz da cor verde. A dor foi serenando, e melhorei.

– Wellington, você contribuiu para que seu amigo entrasse no tráfico de drogas. Isso é fato. Mas ele teve a oportunidade de não o fazer. Porém, iludido por dinheiro fácil, aceitou sua proposta. No entanto, peço-lhe que tenha calma. Você terá muito tempo para tratar todas as suas questões.

E acrescentou:

– Pois bem! Aceita ser meu amigo?

Levei um susto por conta da pergunta. Fiquei emocionado. Mais uma vez, lágrimas correram soltas pelo meu rosto e afirmei, com um inclinar da cabeça, que sim.

Francisco sorriu e percebi que esperava por uma resposta por meio das minhas cordas vocais do corpo espiritual.

Enchi, o mais que pude, o peito de ar e respondi, com firmeza, que aceitava. Sem me dar mais tempo para choros, Francisco repetiu o convite para a volta no quarto.

Ele me ajudou a sair da cama. Coloquei os pés no chão, porém recuei.

– Francisco, você não acha melhor eu continuar dormindo?

– Mas como dormir se você está acordado e sem sono?, respondeu Francisco.

Pelo visto não tinha jeito, e eu ia dar mesmo a tal volta pelo quarto. Até que, finalmente, estava de pé ao lado da cama, com o amparo de Francisco. Minhas pernas estavam bambas, pareciam fracas, e notei vários ferimentos pelos braços, pernas e pés.

– Seus ferimentos estão sendo tratados desde que aqui chegou. Mas, agora que acordou, e, também, com bons pensamentos e sentimentos em seu coração, rapidinho as feridas de seu corpo espiritual estarão cicatrizadas.

– Francisco, eu achava que tudo acabava com a morte. Na verdade, era mais fácil eu acreditar nisso. Tinha e tenho pavor, até hoje, das consequências dos meus atos.

– Wellington, toda vez que você se lembrar de um(a) ou mais irmãos e irmãs que tenha prejudicado, peça ajuda a Deus, a Jesus, e envie a essas pessoas toda a luz que puder, com a força do coração. Peça, também, perdão, do fundo da alma, e em voz alta, para essas pessoas, e perceba como se sentirá melhor. Trata-se de um grande passo para a sua cura!

Assenti com a cabeça, e Francisco pediu que eu calçasse os chinelos que estavam aos pés de minha cama e o acompanhasse para um passeio pelo quarto.

CAPÍTULO VIII

O quarto, e meu pedido de perdão ao senhor Manoel

Comecei a dar os primeiros passos, amparado por Francisco. Achava que todo mundo me olhava, mas, na verdade, ninguém estava me olhando. E, se me olhavam, era com carinho. Ali não havia julgamentos. Eu é que não parava de me julgar. Fiquei com vontade de cobrir o rosto para que ninguém me reconhecesse. Porém, eu não tinha um pedaço de pano com o qual pudesse cobrir o rosto. O único jeito era: andar no meio das camas daquele lugar com o rosto à mostra.

– Francisco, o tecido das cortinas que cobrem as janelas me impressiona, pois consigo ver nitidamente o lado de fora do quarto através do tecido, como se o mesmo aí não estivesse. Como isso se dá?

– Isso se dá pelo fato de que as cortinas são feitas com uma tecnologia que ainda não existe no Plano Terreno, mas o que posso lhe dizer é que são feitas do mais puro sentimento de amor dos espíritos iluminados, responsáveis pelos que se encontram neste pronto-socorro de refazimento.

– Observe que do lado de fora do quarto, há um lindo e enorme jardim, cheio de flores, plantas, cachoeiras e pequenos animais. Jardins acalmam, e isso faz parte do tratamento. Porém, do jardim, ou seja, do lado de fora do quarto, não é possível ver nitidamente o lado de dentro. E isso é para que o quarto mantenha um ambiente de paz, sem qualquer intromissão.

– E, por intromissão, refiro-me a pensamentos de espíritos que estão em refazimento, mas ainda não estão em perfeito equilíbrio. Digo, ainda, Wellington, que as cortinas, embora você ainda não tenha tido oportunidade de observar, mudam de cor a um leve pensamento do espírito superior, responsável pelos espíritos que se encontram em cada um dos quartos deste pronto-socorro. E essa mudança se dá sempre a propósito de mais um auxílio ao tratamento. Por exemplo, no momento que a maioria dorme no quarto em que você está, as cortinas revestem-se da cor azul-celeste, para um melhor aproveitamento do sono. Para termos de comparação, embora distante, lembremos a cromoterapia, que é praticada na Terra Física, continuou Francisco.

– Wellington, meu amigo, tudo que há neste pronto-socorro foi devidamente estudado pelos superiores espíritos iluminados. Isso significa que cada mínimo detalhe faz parte do tratamento dos espíritos que aqui se encontram em recuperação. Você já ouviu dizer que 'acaso' não existe? Pois é. Não existe. Até a mudança das cores das cortinas tem sua razão de ser.

E Francisco, ao perceber minha curiosidade em passar as mãos sobre o tecido das cortinas, levou-me até elas. Ao tocar no tecido, não tenho como descrever a sensação, pois desconheço algo tão macio e suave que possa existir na Terra dos Encarnados. Mas minha curiosidade não parou por aí. Afastei a cortina, aproximei-me da janela e, para minha surpresa, senti que havia uma força invisível que não me permitia tocá-la.

Francisco explicou que isso se dá pelo fato de que as janelas e as paredes dos quartos do pronto-socorro em que há irmãos e irmãs convalescendo, possuem energia vibratória de proteção. Cada quarto, prosseguiu Francisco em suas explicações, tem sua energia própria de proteção. Por exemplo, a força vibratória que protege irmãos e irmãs que convalescem de mortes traumáticas, como assassinatos, é diferente da força vibratória daqueles que trabalham para deixarem o vício do álcool. Uma força vibratória não é melhor ou mais forte do que outra. São diferentes e adequadas à cada situação.

Senti-me cansado e feliz com tantos novos conhecimentos. Retornamos ao leito e, ao me deitar, adormeci quase que instantaneamente. Tempos depois, acordei e, sozinho, consegui sentar-me na cama, com os pés para fora. Um grande avanço para mim. Olhei ao redor. A maioria dormia. Porém, próximo à porta (minha cama estava no centro do salão), um senhor com barba branca olhou com profundo carinho para mim.

Assustei-me e achei que podia ser um dos "escravos" do Edmilson disfarçado, e que iria me pegar e levar de volta para a horrorosa caverna. Respirei fundo e consegui tirar rapidamente esse pensamento de minha mente, visto que, naquele local, conforme

Francisco havia me explicado, permaneciam tão somente espíritos que querem melhorar e se reformar intimamente. Ninguém estava ali com intuito de vingança, mesmo porque nem o conseguiria, pois a vingança não é uma vibração compatível com o pronto-socorro que me acolhia naquele momento.

Decidi conversar com o senhor, pois me lembrava dele de algum lugar. Saí da cama meio zonzo e, ao andar, fui piorando na tonteira, até cair no chão. Quando acordei, já estava na cama, com Francisco a me olhar e dizer que o chamasse da próxima vez que eu quisesse sair da cama.

Aqui, faço um aparte. Na verdade, eu poderia chamar o Francisco por intermédio do pensamento. Ele captaria imediatamente. Mas, apesar disso, para chamá-lo, eu me sentia mais confortável em apertar um botão vermelho na lateral da minha cama. Apertar o botão me deixava mais seguro. Minhas impressões do mundo físico ainda eram muito fortes.

De todo modo, Francisco, ao entender que eu queria conversar com o tal senhor, auxiliou-me a ir até ele. Assim que me aproximei, o senhor olhou no fundo dos meus olhos. Disse que se chamava Manuel. Ele me pediu perdão e disse que também me perdoava. Olhei-o de modo estupefato, e como em um filme a passar na minha cabeça, vi que eu havia "comprado" sua filha para "usar" e depois "jogar fora". Senti uma dor de arrependimento profunda no coração, e pedi perdão muito envergonhado. Caí de joelhos, chorando muito, ato que foi repetido pelo senhor Manuel, que disse:

– Minha filha, explicou senhor Manuel, depois que eu a vendi para você, nunca mais falou nem olhou para mim. Tornou-se prostituta. Ela me jurou vingança e, depois que desencarnei, ela me aguardava do lado de cá com irmãos e irmãs que ainda insistem em trilhar caminhos contrários às Leis de Deus, com muito ódio e sede de vingança em seus corações. A partir daí, me levaram para a caverna que você estava. Muitas vezes estive com você no meio do salão, sofrendo torturas. Até que percebi meus erros, pedi perdão a Deus, a Jesus e à minha filha. Pedi ajuda a Deus do fundo de minha alma.

Fui resgatado e trazido para cá no mesmo dia que seu companheiro de cela, o Adolfo. Estou trabalhando 'firme' no meu refazimento, pois quero participar como auxiliar dos espíritos iluminados que zelam e trabalham pelo resgate do Edmilson e daqueles que, iludidos, acreditam serem seus escravos. Entre esses escravos, encontra-se minha amada filha.

Francisco nos auxiliou a ficar de pé novamente. Abracei emocionado o senhor Manuel, pedi, mais uma vez, um profundo perdão e pedi a Deus que muita luz fosse enviada[16] a todos que se encontravam na caverna, inclusive ao Edmilson. Os pedidos de perdão sinceros ao senhor Manuel fizeram-me um bem enorme. Senti-me fortalecido. E, apesar de que eu ainda não tivesse condições de ver, ao pedir perdão, luzes douradas saíam do meu coração, diretamente para o coração do senhor Manuel.

Agradeci muito a Deus pela benção da oportunidade de pedir perdão a esse senhor e, também, tomei o firme propósito de que, daqui para frente, me empenharia mais ainda em minha recuperação, para trabalhar no caminho do bem, ou seja, das Leis de Deus, de amor e caridade. E, se possível, gostaria muito, falei ao Francisco,

16 O pedido de perdão e o envio de luz a quem quer que seja devem ser feitos do fundo do coração, ou seja, do nosso mais profundo âmago, e com sinceridade, pois tais atitudes surtem efeitos maravilhosos. Mas, se você, leitor ou leitora, acredita que tem condições de perdoar alguém somente da "boca para fora", faça-o assim mesmo, em voz alta, por exemplo, na hora do banho. Já é um excelente começo. (Nota do Wellington)

de trabalhar no auxílio daqueles que ainda viviam em lugares como aquela caverna.

Francisco me olhou feliz e, mais uma vez, tive a forte sensação de conhecê-lo de longa data.

"Calma, Wellington, por hoje as emoções foram muito fortes. Tudo ao seu tempo. E mais uma vez caí em sono profundo de refazimento".

CAPÍTULO IX

O pronto-socorro e os ensinamentos de Francisco

A cada dia eu melhorava. Já dormia bem menos. Levantava sozinho e estava fazendo amizade com meus amigos de quarto. E sempre havia novas amizades, pois alguns amigos recebiam alta de seus tratamentos, outros, infelizmente, fugiam do quarto por meio do pensamento e voltavam a locais como a caverna ou à Terra Encarnada, e chegavam outros.

Já ia sozinho ao banheiro. Eu ainda possuía necessidades fisiológicas e sentia fome. Isso porque ainda tinha muitas impressões terrenas no meu corpo espiritual. Francisco me explicou que, uma vez completamente adaptado ao mundo dos espíritos, tais situações se acabariam.

Até que, em um belo dia, Francisco me convidou para dar um passeio fora do quarto. Dirigimo-nos à porta, muito bonita, aliás, e feita de material parecido com a madeira terrena, de cor marrom--claro. Meu coração estava acelerado. Dentro do quarto já estava acostumado a sentir segurança e, do lado de fora, como seria?

Francisco abriu a porta pelo meio, com seu pensamento, e eu achei aquilo incrível. Deparei-me com um enorme corredor, cujo lado esquerdo tem uma parede bem alta, toda coberta por lindas plantas (parece-se com um jardim suspenso), e exalam um odor suave e calmante. Desta parede até o fim do corredor, há janelas e cortinas iguais às do quarto em que eu me refazia. Do lado direito, o corredor possuía uma mureta até seu final, com vários arcos vazados sobre a mesma, de onde se pode ver, abaixo, um maravilhoso jardim.

Francisco explicou-me que o edifício em que nos encontrávamos, bem como todos os outros localizados dentro do pronto-socorro "Ponto Azul-Celeste de Luz", tem seis andares acima do térreo, totalizando sete andares. Cada andar, de cada um dos prédios, é dividido em três alas denominadas: "A – Espírito" (ala Norte); "B – Perispírito" (ala Sul); e "C – Corpo Material" (ala Leste). As três alas de cada andar possuem corredores com o mesmo comprimento, que convergem a um só local central muito grande, ou seja, um saguão em formato de semicírculo. Em cada saguão, de cada um dos andares, há uma enorme mesa no centro, com vasos de flores. No andar que eu me encontrava havia vasos de girassóis das mais variadas cores[17].

---

17 Os girassóis sobre a mesa que menciono possuem mais ou menos o dobro de tamanho daqueles encontrados na Terra Física. As cores dessa espécie de flor são incrivelmente mais vibrantes e das mais variadas. O aroma é maravilhoso e nunca o senti quando encarnado. (Nota do Wellington)

As mesas são feitas de plantas de cor verde muito intensa. Parece um pequeno jardim. Aliás, a sensação que se tem neste pronto-socorro é que estamos dentro de uma linda floresta.

E, no local de convergência das três alas, em cada andar encontram-se duas escadas, uma à direita e outra à esquerda. O comprimento de cada degrau das escadas, que partiam do térreo ao último andar, é de cerca de cinco ou seis metros. O quarto que me foi escolhido para refazimento encontra-se na ala "A", no terceiro andar.

O piso de todas as construções, inclusive das escadas, é feito de algo que se parece com o cristal conhecido no Plano Encarnado. Sobre os pisos dos edifícios estão, dispostos formando desenhos, os símbolos de todas as religiões existentes e conhecidas no Plano Encarnado.

– Isso se dá, prosseguiu Francisco com suas explicações, para fortalecer o sentimento de que todos, independentemente de quaisquer crenças, são irmãos e irmãs, filhos e filhas do mesmo Pai, Deus Todo Poderoso. Entre os símbolos, há desenhos de estrelas dos mais variados tamanhos, pontas e formatos que, ao pisarmos, emitem luz e nos dão a sensação de paz e de fé.

E assim observando tudo como uma criança que vê pela primeira vez um parque de diversões, nós descemos a bela escadaria até o térreo. Lá, encontramos diversas pessoas vestidas como eu, ou seja, com robes, só que com variedade de cores. Mais uma vez, Francisco comentou que cada cor de robe tinha uma razão de ser no auxílio ao refazimento de cada irmão.

Chegamos ao térreo, onde há um enorme salão coberto por flores e plantas, ou seja, trata-se de um maravilhoso jardim que acompanha o formato de semicírculo dos andares superiores. Ao fundo, existem cerca de 250 portas. A impressão que dá é que, naquele salão, cabem perfeitamente aproximadas 3 mil ou talvez mais pessoas, mas de certo modo que ninguém se sinta apertado no ambiente.

No centro do salão há uma mesa de formato arredondado, também feita de plantas. Sobre a mesa, há muitos e enormes vasos de flores, das mais variadas cores, com predominância do lilás. Chamo atenção para o fato de que vi nesses vasos flores com tamanhos, formatos e cores desconhecidos por mim, quando encarnado na Terra. Há coisas bem diferentes por aqui. Estava impressionado com tanta beleza. E, por pura curiosidade, aproximei-me das flores e tentei tocá-las. Ao fazê-lo, as mesmas se afastaram. Levei um susto. "As flores por aqui se mexem?", perguntei.

– Amigo Wellington, as flores são para serem sentidas com o coração, olhos e olfatos espirituais. Não há porquê tocá-las, a não ser no Plano Encarnado, com o único intuito de cuidar das mesmas.

E, após a explicação de Francisco, olhei para fora do edifício, que não possuía porta alguma, mas, sim, um enorme vão que dava para mais um jardim. Meu coração acelerou e algo me extasiou demais: o sol! Há quanto tempo eu não via o sol? Não me lembrava. Abri os braços e me deixei aquecer, por instantes, pelo maravilhoso calor do sol que Deus dá a todos gratuita e indistintamente.

Andamos pelo jardim. Havia homens e também mulheres que, conforme Francisco me explicou, estavam em refazimento como eu. Porém, em outros edifícios, não no que eu me encontrava. "Isso porque – falou Francisco – neste pronto-socorro há necessidade de separarmos homens e mulheres nos quartos de convalescença para evitar qualquer tipo de constrangimento, pois, aqui, a impressão das sensações terrenas ainda é muito forte".

– Wellington, o jardim em que nos encontramos é rodeado por sete construções, dispostas em círculo. Cada construção possui o formato de um semicírculo. Daqui, do centro do jardim, você pode ver o primeiro círculo, com as sete construções, e observe que atrás do primeiro círculo há mais seis círculos, cada qual com mais sete edifícios. Portanto, são sete círculos com sete construções, com este jardim no centro de tudo. E veja que todos os edifícios têm contornos arredondados. Não existem pontas, disse Francisco.

– Entre todos os edifícios há trilhas que levam para florestas com cachoeiras. O piso dessas trilhas é feito de plantas e flores. O jardim que estamos é chamado de "Jardim Central", e possui o tamanho aproximado de trinta campos de futebol.

Continuou Francisco:

– E, caso olhemos o pronto-socorro de cima, como se estivéssemos dentro de um avião, verificamos que o "Ponto Azul-Celeste de Luz" tem o formato de uma estrela com várias pontas. E digo mais: do ponto de vista de onde estamos, ou seja, do "Jardim Central", temos a impressão de que cada andar, de cada um dos edifícios, possui aproximados 5mil metros quadrados.

– Porém, Wellington, assim como a noçao de tempo, a noção de espaço do Plano encarnado para o Plano espiritual também é completamente diferente. Na verdade, quando você entra em edifícios espirituais como, por exemplo, os prontos-socorros como este, você percebe que o lado de dentro é cerca de cinco, dez ou até mais vezes maior do que percebemos pelo lado de fora.

– Todo o trabalho deste pronto-socorro é dedicado ao refazimento de irmãos e irmãs, nas mais variadas questões de suas encarnações terrenas que trazem consigo. E há grupos de espíritos abnegados que trabalham no resgate de irmãos e irmãs que se encontram em locais como o que você esteve e, ainda, naqueles considerados piores. Muitos parentes e amigos ajudam esses abnegados espíritos em auxílio aos seus. A propósito, os pedidos de ajuda são aos milhares.

– E para auxiliar no refazimento de nossos irmãos e irmãs em prol da evolução espiritual, há diversos recursos que são utilizados neste pronto-socorro, como cursos de alfabetização, teatro, dança, pintura, música, botânica, e diversos outros. Tudo em consonância direta com o Evangelho de Jesus Cristo. Há, ainda, cursos de esportes conhecidos na Terra Encarnada e os somente por aqui conhecidos.

– Há, também, edifícios com espíritos que se dedicam às áreas coordenativas e de administração de todo este pronto-socorro, sendo que a coordenação geral é feita por um espírito iluminado e em grau de evolução superior aos que aqui se encontram, como nós, concluiu Francisco.

Eu estava boquiaberto! Jamais imaginara, ou lembrava imaginar que a morte não existe e que a vida além da vida pode ser maravilhosa, como a que começava para mim! Achei, também, espantoso o fato de haver no mundo espiritual a prática de esportes. Assim, quanto a esses dois assuntos eis o que escutei de Francisco, com sua sempre enorme paciência em esclarecer-me:

– Wellington, saiba que cada espírito encarnado ou desencarnado se encontra em um local físico ou espiritual, e com determinadas pessoas por afinidade de pensamentos ou para reconciliações e resgates. Os semelhantes é que se atraem. Há, porém, exceções, ou seja, espíritos que, muito evoluídos, não precisariam mais encarnar no Plano Terreno, mas o fazem tanto para o auxílio à evolução de determinados irmãos e irmãs quanto da própria humanidade como um todo.

– E, no que diz respeito ao esporte, no grau de evolução que a Terra e a humanidade se encontram, digo que é necessário, pois seu maior objetivo, tanto no Plano Físico quanto no Espiritual, é mostrar a importância do respeito mútuo entre aqueles que se encontram como "adversários" em determinado momento. O esporte ensina o respeito às opiniões contrárias, dizia Francisco.

– Muitos irmãos e irmãs que se encontram neste pronto-socorro, em tratamento, causaram sérios problemas para si mesmos e a outros irmãos e irmãs ao não respeitarem torcidas de times que não eram os seus. Faz parte do tratamento desses espíritos praticarem esportes para entenderem que aquele que não tem a nossa opinião deve ser respeitado, concluiu.

Após todos os novos conhecimentos, nem imaginava a maravilha que estava por vir. Francisco andou comigo pelo jardim e entramos em uma trilha com lindas e enormes árvores em ambos os lados do caminho. As árvores encontravam suas copas ao alto, e faziam um lindo telhado vivo. O aroma era maravilhoso. A sensação de paz, indescritível.

Ao fim da trilha, me deparei com uma linda floresta que, logo no início, possuia vegetação rasteira e quatro pequenas cachoeiras. Perguntei se podia tocar na água. Francisco assentiu. Toquei-a. É muito, muito leve. É diferente da água mais pura encontrada na Terra Física. Trata-se de algo tão cristalino que nem tenho palavras para descrever.

Percebi que inúmeras pessoas chegavam a esse local em que estávamos e que, desse modo, começou a ficar cheio. Porém, o ambiente continuava muito calmo e agradável. Não havia gritarias ou conversas altas. A maioria das pessoas se sentava sobre a grama, embora tivesse poltronas para quem as preferisse. Francisco e eu preferimos sentar na grama que, aliás, era macia.

Vi que várias pessoas tiravam seus respectivos chinelos e tocavam a grama com os pés. Francisco assentiu com a cabeça, demonstrando que eu também podia fazê-lo. Adorei. Digo que meus pés tocaram o mais macio dos tapetes que eu já conheci.

E, à nossa frente, havia um piano branco de cauda que, de acordo com Francisco, é muito semelhante aos que existem no Plano Físico. Um homem com aparência de cerca de setenta anos terrenos, fez uma reverência a todos e se apresentou como Lourenço. Sentou--se no banco do piano e começou a tocar, acompanhado de um coral de crianças, a música "Ai Lili Ai Lô", com a seguinte letra[18] [19] [20]:

> "Um passarinho me ensinou
> Uma canção feliz
> E quando solitário estou
> Mais triste do que triste sou
> Recordo o que ele me ensinou
> Uma canção que diz:
> Eu vivo a vida cantando
> Ai, Lili, Ai, Lili, Ai Lô
> Por isso, sempre contente estou
> O que passou, passou
> O mundo gira depressa
> E nessas voltas eu vou
> Cantando a canção tão feliz que diz
> Ai, Lili, Ai, Lili, Ai Lô".

---

18 Segundo veiculado no programa "Cândido – Lembrando Chico Xavier", a música "Ai Lili Ai Lô" era a preferida do amado Chico Xavier. A fonte da informação acima está disponível no endereço *http://www.youtube.com/watch?v=8j9AwOkKNSc&feature=related*. (Nota da Médium Sandra)

19 "Hi-Lili, Hi-Lo" (nome da música na língua inglesa) é uma canção popular com música de Bronislau Kaper e letra de Helen Deutsch. Foi publicada em 1952 e apresentada no filme "Lili", estrelado por Leslie Caron. Fonte da informação *http://en.wikipedia.org/wiki/Hi-Lili,_Hi-Lo*. (Nota da médium Sandra)

20 A médium Sandra faz referência na nota acima (nº 18) ao ano terreno de 1952. Sendo assim, repito a informação de que a passagem do tempo no Plano Espiritual é completamente diferente daquela do Plano Físico. A sensação da passagem do tempo no Plano Terreno é diversa da sensação do Plano Espiritual. O ano terreno de 1952 que faz parte no Plano Físico do século XX, nada tem a ver com a questão do tempo espiritual. Não tenho, neste livro, permissão para explicações a respeito. (Nota do Wellington)

Fiquei encantado com a música. O ritmo era o de valsa. Senti muita paz e alegria. Quando encarnado, achava a valsa um horror. E aqui, no Plano Espiritual, senti uma forte emoção com esse ritmo de música. Francisco disse que isso se dava pelo fato de que a batida do coração acompanha o ritmo da valsa, o que acalma a pessoa e a deixa emocionada. E quanto às crianças, não eram anjos como imaginei, mas sim espíritos em evolução que, por inúmeros motivos, ainda se mostram, espiritualmente, com corpos espirituais de crianças.

E, dessa forma, por cerca de uma hora terrena, ouvimos o que Francisco me explicou ser música clássica e música popular brasileira. Ao final da apresentação, foi tocada uma música com um ritmo que nunca ouvi na Terra. Francisco explicou que esse ritmo ainda não é conhecido dos encarnados.

Outra coisa que também me deixou extasiado, além da música, foi que, durante o concerto, luzes em formato de pequenas gotas d'água, aos montes, caíam sobre nós. Tais luzes foram um bálsamo para mim. Estava enlevado em sentimentos nobres. Ah! Que sensação maravilhosa! Soube por Francisco que tal sensação se dá pelo fato de que as músicas ouvidas eram orações. Perguntei se o samba, que eu adoro, também é uma oração.

Soube que toda música e letra quando compostas, tocadas e cantadas com amor e com respeito às Leis de Deus, são, sim, maravilhosas orações. Músicas com palavras de baixo calão, por exemplo, não são orações, obviamente.

Eu não tinha mais palavras, devido à emoção e ao fascínio que a música tocada ao piano me causaram.

CAPÍTULO X

Tocar piano, as conversas com o Marcos e a boa nova de Francisco

Retornando ao quarto, imaginava-me tocando piano. “Se quiser, você pode aprender”, Francisco me falou em pensamento. Levei um susto tanto por ter captado claramente o pensamento de Francisco, quanto pelo fato de que eu poderia aprender a tocar piano.

Ora, quem era eu para aprender a tocar piano com minhas mãos feias e calejadas, que tinham feito coisas atrozes e pego em armas pesadas? "Eu não tenho capacidade para tocar. Não mereço", pensei.

– Sendo assim, comentou Francisco, respeitamos sua posição. Se você não se acha merecedor e quer se fazer de vítima, saiba que respeitamos seu livre-arbítrio. De qualquer forma, por favor, comece a pensar em uma atividade para desenvolver que seja útil ao seu melhoramento como ser espiritual e que, ao mesmo tempo, auxilie nossos irmãos e irmãs para a melhoria do planeta. Como você tem observado, no Plano Espiritual não existe ociosidade.

– Francisco, e se eu não tiver capacidade para aprender a tocar piano?

– Temos capacidade de realizar aquilo que queremos com a força do nosso espírito, por intermédio de Deus. Você acreditou, em sua última vida no Plano Encarnado, que era capaz de transformar-se em um chefe de crimes. E assim o fez, ou seja, colocou suas forças nesse objetivo e conseguiu.

– Da mesma forma, no instante em que você pediu socorro e se entregou aos "braços" de Deus, com todas as suas forças de arrependimento verdadeiro dos atos passados, recebeu a ajuda pedida, por merecimento, prosseguia Francisco.

– A Lei de livre-arbítrio de Deus sempre é respeitada. Desse modo, repito: se não quer tocar piano, sua vontade será respeitada, concluiu.

Senti-me envergonhado. Muito envergonhado. E de modo muito baixo e fraco, falei com as cordas vocais espirituais que eu queria, sim, aprender a tocar piano. Francisco respondeu que não tinha conseguido escutar o que eu havia dito. Sendo assim, enchi os pulmões de ar e falei em alto e bom som:

– Quero e tenho capacidade para aprender a tocar piano.

– Excelente. Parabéns pela iniciativa. Portanto, aprenderá. Aliás, irá se lembrar de algo que já fez em muitas outras vidas. Mas, por hora, vamos retornar ao seu leito para descansar, afinal, esta foi a sua primeira saída do quarto, disse Francisco.

Entrei no quarto eufórico e com muita vontade de melhorar, ajudar as pessoas e o mundo todo. Fui melhorando a olhos vistos e, ao mesmo tempo, meu coração foi serenando, embora ainda fosse muito difícil esquecer minhas culpas. Situação essa pela qual eu fui muito ajudado por Francisco e um terapeuta especializado em casos como o meu, de nome Marcos, com quem conversava todos os dias por uma hora e meia (tempo do Plano Terreno, para termos de comparação).

Em todos os edifícios do pronto-socorro, com exceção dos prédios da coordenação e administração, havia diversas salas para esse tipo de trabalho. A sala em que eu fiz a terapia com o Marcos possuía um aroma suave que lembra a erva-cidreira, presente no Plano Encarnado. Durante as sessões, ouvia uma música "ao fundo" que suavizava as batidas do meu coração. A cor das paredes era lilás clara, com desenhos de margaridas próximas ao teto.

Havia duas poltronas macias e confortáveis e uma mesa em um canto com um vaso de margaridas. Sobre as poltronas, havia almofadas das cores lilás mais escuras que o lilás das paredes. Esses móveis lembravam móveis rústicos, presentes em fazendas, feitos do que se parece com madeira chamuscada de bege. Enfim, o ambiente era acolhedor e encantador.

E em uma das paredes da sala, em frente às duas poltronas, havia uma tela com cerca de um metro quadrado. Nessa tela, durante minhas sessões, eram passadas inúmeras situações que vivi na minha última vida como encarnado, já que o foco principal do tratamento era a revisão das minhas atitudes dessa encarnação. Cada sentimento, pensamento, fato e atitude foram por mim estudados minuciosamente, com a tutela de Marcos, para meu aprimoramento espiritual.

Aprendi com Marcos o que já tinha ouvido de minha avó Maria Joaquina: errar não é errado. Porém, ao avaliarmos nossos sentimentos e ações de coração aberto, paulatinamente, adquirimos capacidade para compreender os acertos e os erros. Procedendo assim, o espírito, encarnado ou desencarnado, passa naturalmente e cada vez mais a desejar a prática do bem. A consequência disso é a evolução espiritual da humanidade, presente no mundo encarnado e desencarnado.

Sim! Melhora da humanidade. Ora, a evolução da humanidade passa, necessariamente, pela evolução de cada um. E isso tudo acontece por meio de um processo contínuo. Não há mágica com uma varinha de condão. A questão básica é colocar as mãos nas "feridas", sejam elas quais forem, retirar todo o "pus" e limpá-las para, a partir daí, seguir em direção da cura da vida.

Entendi, também, que permanecer com sentimentos de culpa e colocar-se na condição de vítima perante os próprios erros nos traz mais e mais sofrimentos. Isso por conta do medo de encararmos nossas verdades. Como eu havia sido um criminoso na última vida, acreditava, ilusoriamente, na ocasião do início do meu tratamento, que eu não era merecedor das bênçãos de Deus.

Achava-me um pobre coitado sem salvação. Mas Marcos explicou-me que eu pensava assim por pavor de "encarar" de frente meu comportamento na última vida. Isso, dizia Marcos, é puro comodismo, uma vez que enfrentar nossos medos dói muito. Não é fácil. Porém, quando o fazemos, obtemos a compreensão das situações da vida, e a consequência é a paz do entendimento.

Ah! Sabem aqueles velhos e conhecidos jargões: "eu sou assim mesmo e não vou mudar; nasci assim e ponto final"? Isso é pura ilusão. Se não acordarmos por bem, a vida acaba por nos dar "empurrões" e nos chama para a análise de nossas atitudes. Esses "empurrões" são as famosas situações que acreditamos serem as desgraças que nos acontecem no decorrer da vida.

E até temos palavras na ponta da língua para isso: "Ah! Eu sou tão bom! Nunca fiz mal algum a ninguém e olha só as tristezas da minha vida". Na verdade, na maioria das vezes, essas "desgraças" e "tristezas" são os tais "empurrões" da vida. Sendo assim, encaremos toda e qualquer situação, por pior que possa nos parecer no momento, como puro aprendizado.

Também compreendi que eu não fui vítima da sociedade brasileira, como acreditava ser ao entrar para o mundo do crime. Eu fiz uma escolha sob a Lei do livre-arbítrio. Porém, evidentemente que a sociedade como um todo também responde por seus atos. E isso se vê diariamente. Atos criminosos atingem a todos, ou seja, pobres, ricos, famosos, negros, brancos, amarelos, homossexuais, heterossexuais... Não há distinção alguma. Mas, repito: isso não significa que se eu vivo em uma sociedade com irmãos e irmãs que ainda persistem no crime, eu possa utilizar isso como desculpa para praticar crimes.

O tratamento foi difícil, mas fui firme. Eu tinha muita vergonha de mim mesmo ao colocar para fora todos os "bichos horrendos" do coração. Doeu demais ver meus atos criminosos. E o pior, mas que na verdade foi o melhor, é que, a partir da tela, eu tinha condições de sentir as emoções dos outros ao serem atingidos por meus atos contrários às Leis de Deus. Essa foi a parte do tratamento que mais me doeu, porém, foi a que mais aprendizado me trouxe.

Enfim, Marcos deixou-me inúmeras lições e dicas para melhor viver. Uma delas é que não adianta o homem do Plano Físico esperar aparecer um Presidente da República milagroso, que vá acabar com todos os problemas sociais, econômicos e ambientais do planeta Terra. As mudanças, repito, passam necessariamente por cada um.

Outra dica de Marcos é a seguinte: todos os dias, antes de descansarmos, depois de um dia de atividades, nos perguntemos: o que fiz hoje de bom? Minhas ações foram boas para mim e para as pessoas que me rodeiam? Cumprimentei com um sorriso franco as pessoas que encontrei? Quais ações devem ser por mim melhoradas? Devo deixar de praticar alguma ação? O ideal é deixar tudo escrito e colocar metas. Ajuda bastante.

Mas, a maior lição deixada por Marcus foram as palavras do amado Chico Xavier, que se tornaram meu lema, sendo elas:

"Embora ninguém possa voltar atrás e fazer um novo começo, qualquer um pode começar agora e fazer um novo fim".

Finalmente, sempre há esperança, e Deus está sempre conosco! Basta querer mudar! E assim, findo o intenso e maravilhoso trabalho com Marcos, Francisco apareceu com uma novidade que me deixou muito feliz:

– Você está com alta deste pronto-socorro. Parabéns! Agora terá a abençoada oportunidade de um novo início aqui no Plano Espiritual. Vou levá-lo para falar com o senhor Clóvis, que é o responsável por este pronto-socorro. O que gostaria de vestir para o início de sua nova jornada?

Pensei em uma calça preta, uma camisa azul-clara da cor do céu e um belo sapato. Sendo assim, limpei-me energeticamente, como Francisco e Marcos me ensinaram. E, a partir de um pensamento de Francisco, lá estava eu, vestido com uma bonita roupa, adquirida honestamente. Olhei-me no espelho e me dei por satisfeito. A não ser pelo cabelo, que preferia que fosse mais curto.

Francisco pediu que eu fechasse os olhos e visualizasse mentalmente como eu queria meu cabelo. Assim o fiz e, quando abri os olhos, surpresa, meu cabelo estava curto e muito bem cortado. Estava me sentindo muito bem. Faltava o perfume, pensei. No mesmo instante senti um aroma muito bom a exalar do meu corpo espiritual. Francisco explicou que minha aparência era o reflexo dos meus nobres sentimentos. Eu não cabia em mim de tanta felicidade.

Fomos ao encontro do senhor Clóvis. Ele nos aguardava no térreo do edifício da administração do pronto-socorro. Carinhosamente, nos cumprimentou e pediu que o acompanhássemos ao primeiro andar. Entramos em uma bonita sala. A cor das paredes era lilás clara e o próprio senhor Clóvis vestia uma calça e uma túnica dessa mesma cor. Na sala havia uma bela mesa oval com oito cadeiras. Sentamo-nos, e o senhor Clóvis nos serviu uma xícara contendo um delicioso líquido, que parecia água transparente. O gosto era muito bom, leve e suave.

Explicou-nos o senhor Clóvis que o líquido era feito das flores brancas com miolos amarelos, que enchiam o vaso sobre a mesa da sala. Essas flores lembram as margaridas do Plano Encarnado, porém, apresentam algumas diferenças. No líquido continha fluidos para me proporcionarem coragem para a nova etapa de vida no Plano Espiritual.

– Wellington, parabéns pelo esforço por sua recuperação. Você apreendeu com o coração o que aqui lhe foi ensinado. E o mais importante: você o fez por vontade própria. Nem poderia ser diferente, falou senhor Clóvis, que prosseguiu:

– Você escolheu melhorar-se e decidiu aceitar as bênçãos enviadas por Deus, por Jesus e pelos espíritos iluminados que trabalham em prol de seu desenvolvimento evolutivo. Sendo assim, eu te dou alta deste pronto-socorro e vou lhe dizer o que traçamos para sua nova etapa de vida, entretanto, você tem liberdade de aceitar ou não. A escolha é sua.

Senhor Clóvis continuou:

– Nossa sugestão é que você comece novos estudos, entre os quais está a prática de tocar piano, e também faça trabalhos na cidade chamada "Santo Antônio de Pádua". Essa cidade localiza-se sobre a região serrana do Estado do Rio de Janeiro. É uma linda cidade fundada há cerca de 7mil anos espirituais[21]. Sua fundação deu-se por abençoados e abnegados espíritos iluminados que trabalham, ora como encarnados ora como desencarnados, pela evolução dos povos que habitam o Brasil, e em especial o indígena. Na época quinhentista do Brasil, por exemplo, esses espíritos encarnaram como padres para proteger os índios contra a ideia dos colonizadores de os transformarem em escravos. E, claro, "Santo Antônio de Pádua" possui uma enorme universidade de música e outra que se dedica à dança.

Exultei de alegria. Meu coração pulava. Lembrei o quanto me senti bem ao ouvir o senhor Lourenço tocar piano. Também queria fazê-lo e, com a música, levar alegria para as pessoas. Sendo assim, falei:

– Só tenho a agradecer a Deus, a Jesus, ao Francisco, ao Marcos, ao senhor Clóvis e a todos os trabalhadores deste pronto-socorro que me acolheram com amor e carinho. Claro que aceito a benção de ir para a cidade "Santo Antônio de Pádua" e iniciar uma nova fase. Quero muito aprender a tocar piano. Muito obrigado! Estou muito feliz!

E assim foi feito. Em uma semana de tempo do Plano Encarnado, parti com Francisco para a cidade espiritual de "Santo Antônio de Pádua".

21 A passagem do tempo no Plano Espiritual é completamente diferente daquela do Plano Físico. A sensação da passagem do tempo no Plano Terreno é diversa da sensação do Plano Espiritual. Não tenho, neste livro, permissão para explicações a respeito. (Nota do Wellington)

CAPÍTULO XI

A aeronave, esclarecimentos sobre a cidade espiritual "Santo Antônio de Pádua" e as cidades espirituais de modo geral

Do pronto-socorro, Francisco e eu partimos para "Santo Antônio de Pádua" por meio de um veículo que transporta espíritos[22].

22 Os espíritos têm a faculdade de se transportarem por meio da força de seus pensamentos. No entanto, como eu acabara de ter alta do tratamento de refazimento e ainda estava no início quanto ao desenvolvimento dessa faculdade de locomoção por pensamento, o senhor Clóvis entendeu por bem que eu estaria mais protegido na aeronave espiritual que descrevo neste capítulo, já que tal aeronave possui sistema de proteção contra ataques de irmãos e irmãs que ainda persistem no caminho do mal proceder. (Nota do Wellington)

Trata-se de uma espécie de aeronave que voa com a força do pensamento. Há vários modelos e tamanhos de aeronaves. E a que me levou para a cidade "Santo Antônio de Pádua" tinha o formato retangular, com suas quatro pontas arredondadas na parte de baixo, e outras quatro na parte de cima. Não há como seres encarnados detectarem essa aeronave, uma vez que a mesma encontra-se em zona de frequência que não a do Plano Físico.

Na aeronave há uma porta de entrada que se localiza em frente, à direita do piloto, e outra de saída, no fundo da aeronave. Há trinta poltronas muito macias. O espaço dentro da aeronave é bastante grande e confortável. Pode-se andar normalmente dentro desse veículo. Ninguém precisa abaixar a cabeça ou se contorcer para entrar ou sair.

As trinta poltronas azul-claras estão distribuídas da seguinte forma: quinze de cada lado da aeronave. Essas quinze poltronas estão distribuídas em três fileiras de cinco poltronas cada. As fileiras estão todas de frente para o centro da aeronave, que possui uma pequena mesa com um lindo vaso de flores parecidas com aquelas conhecidas na Terra Física, como flores do campo. Essa disposição de poltronas, explicou-me Francisco, existe pelo fato de que facilita a interação entre os passageiros.

O piloto não fica em uma cabine separada dos passageiros, como nos aviões terrenos. Desse modo, é possível ver o piloto a qualquer momento. Há uma espécie de painel à sua frente, com vários aparelhos, por mim completamente desconhecidos. Francisco me falou que os pilotos de aeronaves como a que eu estava, desenvolvem, estudam e testam novas tecnologias de aviação que no futuro serão desenvolvidas no Plano Encarnado.

O material do qual é feita a parte de baixo e de cima da aeronave, não tenho como descrever, pois ainda não é conhecido no

Plano Encarnado. Porém, é possível dizer que sua cor é branca fosca. Ao redor de toda a aeronave, há um material que se parece com vidro e, portanto, através dele vemos tudo que há do lado de fora. Do lado de dentro da aeronave há um revestimento que lembra um carpete bem fino de cor azul, um pouco mais escuro que o azul das poltronas.

As poltronas são reclináveis a um leve pensamento de quem a ocupa. No teto da aeronave, há uma espécie de telão com um mapa de toda a região percorrida pela aeronave. Enfim, o ambiente é acolhedor, aconchegante e com um levíssimo perfume cujo aroma é desconhecido do Plano Terreno.

Fizemos três paradas antes de chegar ao nosso destino. Nossa chegada foi no amanhecer do Plano Terreno. E, ainda no espaço, pude ver o planeta Terra receber seus primeiros raios de sol. A visão que tive é algo indescritível de maravilhoso. Esses raios de sol têm o poder, por meio dos espíritos iluminados, de trazer fluidos de amor e cura ao planeta Terra como um todo.

Vale a pena, todos os dias, quando possível, ao raiar do dia, que os encarnados abram seus braços ao sol, recebam seus raios e agradeçam as bênçãos de mais um dia de experiências. Aqui no Plano Espiritual, sempre que tenho a oportunidade, o faço. Sinto-me muito bem!

E eis que enxergo ao longe a cidade "Santo Antônio de Pádua". Primeiro vi a cidade como um ponto de luz e, ao nos aproximarmos, vi altíssimos muros a circundarem-na, os quais, segundo Francisco, são campos eletromagnéticos para proteção contra ataques de irmãos e irmãs que ainda caminham pelas leis contrárias a Deus.

Soube, também por Francisco, que nem todos os espíritos desencarnados conseguem enxergar as cidades espirituais que, como "Santo Antônio de Pádua", trabalham para a evolução espiritual.

Um espírito tem condições de ver e entrar em tais cidades, desde que com as mesmas possua sintonia, afinidade de pensamentos e atitudes. Caso contrário, são proibidos de entrar, uma vez que, se assim o fizessem, atrapalhariam a ordem e o trabalho dessas cidades.

Há, entretanto, espíritos que possuem um domínio muito grande em mal proceder e escravizam milhares de espíritos. Em algumas ocasiões, existe permissão divina para que todos esses espíritos vejam, pelo lado de fora, as luzes emanadas por cidades como "Santo Antônio de Pádua" ou pelo pronto-socorro "Ponto Azul-Celeste de Luz". Isso acontece para a tentativa de abrandar os sentimentos de seus corações, e os espíritos iluminados, por intermédio de seus pensamentos, oferecem-lhes ajuda.

Graças a Deus, muitos espíritos aceitam auxílio e são recolhidos para as cidades que tentavam atacar, para se tratarem. Porém, muitos deles não só se recusam a aceitar qualquer assistência como investem contra as cidades com armas espirituais que desenvolvem no Plano Astral. Esses espíritos tentam, literalmente, destruir cidades como "Santo Antônio de Pádua", mas não o conseguem, pois em todas elas há anjos guardiões que são espíritos iluminados que trabalham para a devida proteção das cidades espirituais dedicadas a Deus.

Existem, também, casos de espíritos que têm consciência da existência de cidades como "Santo Antônio de Pádua", pois nestas, já estiveram, em tratamento, mas, por livre-arbítrio, decidiram sair de lá sem terem sido completamente curados. Porém, eles retornam, fingem-se arrependidos, mostram-se bonzinhos e pedem ajuda na esperança de que consigam entrar novamente nessas cidades. Porém, seus intuitos são tão somente fazer desordens e "raptar" irmãos e irmãs em tratamento. Os anjos guardiões os detectam rapidamente, tentam conversar e dar assistência. Entretanto, caso eles não a aceitem e insistam no mesmo proceder, ficam proibidos de entrar nas cidades. Chamo atenção ao fato de que todos os irmãos e irmãs, absolutamente todos, estão sempre protegidos por Deus, por Jesus e pelos espíritos iluminados. Basta o arrependimento verdadeiro e o pedido de ajuda que os espíritos iluminados aparecem com o devido apoio. Ninguém, encarnado ou desencarnado, esteja em que situação estiver, jamais está desamparado por Deus.

Francisco parou com suas explicações, pois a aeronave parou no espaço acima da cidade "Santo Antônio de Pádua". O piloto aguardou a autorização para o pouso, o qual aconteceu de modo muito suave. A porta de saída abriu-se a um pensamento do piloto e eu, Francisco e mais oito companheiros de viagem descemos.

O campo de pouso era de formato e tamanho exatos para a aeronave, e se localizava no meio de uma pequena floresta, a qual possuía um caminho formado por uma alameda com árvores nos dois lados. A folhagem dessas árvores tinha a cor amarelada. Eram lindas. Caminhamos cerca de 100 metros (medida terrena aqui utilizada para compreensão dos espíritos encarnados) pela via e eis que surge à minha frente uma cidade com milhares de construções, a perder de vista.

As construções pareciam todas feitas de cristal, com finíssimas vigas brancas que davam a impressão de sustentar essas construções[23]. As vigas eram feitas de material ainda desconhecido do Plano Encarnado. Havia edifícios das mais variadas alturas e formatos, mas tudo em perfeita harmonia. A disposição das construções

23 Por fora, nós, espíritos, vemos todos os edifícios de "Santo Antônio de Pádua" como se fossem feitos de cristal, mas, ao entrarmos nos edifícios, percebemos que são construídos também com diversos tipos de "materiais" presentes somente no Plano Espiritual. Enfim, o que se vê do lado de fora é diferente do que se vê do lado de dentro. (Nota do Wellington)

da cidade era igual à do pronto-socorro "Ponto Azul-Celeste de Luz", isto é, havia um jardim ao centro, e no seu arredor havia um círculo formado por vários edifícios, e assim sucessivamente. Entre os edifícios havia alamedas formadas por jardins que levam a florestas. Porém, "Santo Antônio de Pádua" é cerca de mil vezes maior que o pronto-socorro "Ponto Azul-Celeste de Luz". Enquanto neste habitam cerca de 200 mil espíritos, na cidade "Santo Antônio de Pádua" esse número cresce para, aproximadamente, 200 milhões de espíritos.

Mas, como já mencionado neste texto, a noção de espaço do Plano Terreno e Espiritual é completamente diversa. O espaço necessário para uma cidade terrena alocar 200 mil espíritos encarnados é completamente diferente de um espaço com 200 mil espíritos desencarnados. Não tenho permissão para tais explicações, pois são explicações da ciência do Plano Espiritual que o homem ainda não está pronto para receber.

Além disso, conto para vocês que "Santo Antônio de Pádua", assim como as cidades espirituais que têm por objetivo a evolução espiritual sob as Leis de Deus, são extremamente organizadas. Há disciplina. Entretanto, não é a disciplina entendida por muitos espíritos encarnados e desencarnados como algo pesado e chato, mas sim, disciplina no sentido de liberdade. Em outras palavras: a liberdade é alcançada por meio da disciplina.

Por exemplo: transformo-me em uma pessoa melhor e mais livre quando disciplino meus pensamentos, e, a partir daí, minhas ações, no sentido de serem positivas e desprovidas de inveja, maledicência e vingança. Isso significa, exemplificando mais uma vez, que aquele que vive com o objetivo de vingança, da vingança se torna escravo.

E, ainda, quanto às cidades espirituais que têm o mesmo objetivo que "Santo Antônio de Pádua", digo-lhes que, assim como falei sobre o pronto-socorro "Ponto Azul-Celeste de Luz", sempre há espíritos iluminados e superiores aos que vivem nesses lugares, e que são responsáveis pelos mesmos. Não devem e não podem, de modo algum, ser comparados aos governantes do Plano Físico.

Bem, e quanto à nossa chegada a "Santo Antônio de Pádua", ao final da alameda de árvores, nos aguardavam, de modo terno e carinhoso, a senhora Josefa e o senhor Aurélio. Uma parte do grupo acompanhou a senhora Josefa para a universidade de dança. Francisco, eu e mais cinco companheiros de viagem seguimos o senhor Aurélio, que nos levou para a universidade de música.

Uma nova vida começava. Senti-me agradecido e radiante...

CAPÍTULO XII

A universidade da música

Senhor Aurélio, cujo olhar emanava uma bondade ainda rara de ser encontrada do Plano Terreno, contou-nos que é um dos responsáveis pelo ensino de música na cidade "Santo Antônio de Pádua". Convidou-nos, Francisco, os cinco amigos e eu a volitar[24] sobre a cidade. Francisco me auxiliou com um impulso, pois eu ainda não tinha completo domínio sobre a técnica. Demos uma volta pela linda e maravilhosa cidade.

---

24 Volitar é como voar do mesmo modo que um pássaro terreno. A sensação de liberdade é indescritível. A velocidade ao volitar depende da vontade do espírito. Pode ser mais rápida que o pensamento ou bem mais lenta, o que foi meu caso, pois a ideia do senhor Aurélio era que admirássemos a cidade tranquilamente. (Nota do Wellington)

Nosso destino foi um dos enormes edifícios da universidade de música. Meu coração bateu descompassado de emoção. Paramos em frente da construção. Não havia portas ou portões. A entrada é uma grande abertura na frente do prédio, e, ao entramos, nos deparamos com um grande saguão[25]. Havia dispostas cerca de 1.500 cadeiras estofadas na cor salmão para serem ocupadas pelos futuros alunos e seus amigos e amigas. Chamo atenção para o encosto da cadeira, que tinha o formato do que Francisco me explicou ser o símbolo musical chamado "Clave de Sol".

O clima era de festa e, ao mesmo tempo, leve e suave. A propósito, houve uma festa naquele dia. Francisco me explicou que toda vez que uma nova turma ali iniciava os estudos, uma festa de boas-vindas era realizada. O senhor Aurélio nos indicou lugares para sentar. Olhei para o teto e vi desenhos de anjos, agora sim, com as asas do imaginário popular. Havia anjos com as raças presentes na Terra, por exemplo: negra, amarela, branca, e vermelha. Em frente às cadeiras havia um piano branco de cauda, muito semelhante aos que existem no Plano Encarnado. E, de repente, surgiu um ponto luminoso no teto do saguão, que acabou por se transformar em uma mulher com aparência de cerca de quarenta anos terrenos, de nome Marcília, apresentando um sorriso lindo.

Suspensa no ar, a senhora Marcília nos deu as boas-vindas. Disse que todos os habitantes da cidade "Santo Antônio de Pádua" estavam felizes com a chegada dos novos alunos. Desejou-nos muito sucesso e alegria na nova empreitada. Depois disso, ela tocou o chão do saguão com os pés, sentou-se ao piano e, a partir daí,

25 Mais uma vez repito: a noção de espaço do Plano Espiritual é diversa do Plano Encarnado. Aqui no mundo dos espíritos, o que eu vejo por fora em tamanho é diferente do que vejo por dentro. Por fora, a impressão que temos de espaço é bem menor do que o é por dentro. (Nota do Wellington)

perdoem-me, não tenho condições de descrever a sublimidade das músicas tocadas.

No decorrer do concerto apareceram vários pontos de luz a partir do teto. Chuvas de luz em formato de pingos caíram sobre todos os presentes. Após o concerto, não houve palmas. Disse a senhora Marcília que não havia necessidade, pois ela recebia algo infinitamente maior, ou seja, a felicidade de ver tantos irmãos e irmãs dispostos a aprender música para utilizá-la para o bem da humanidade.

Findo o maravilhoso espetáculo, o senhor Aurélio nos levou para conhecer os locais em que eu e os outros cinco companheiros ficaríamos. Uma espécie de alojamento. Subimos, por meio da volitação, sete andares. E ao chegar, andamos por vários corredores até entrarmos em uma ala com cerca de 350 portas. Paramos em frente a uma delas. O senhor Aurélio a abriu e disse que aquele seria o local em que eu e Ronaldo (um dos companheiros de viagem) ficaríamos. Nossos outros companheiros ficariam em outros quartos.

Sendo assim, senti que Francisco me deixaria naquele momento, pois retornaria aos seus trabalhos no pronto-socorro. Senti um aperto no peito e também um pouco de insegurança. Para mim, ele é um anjo da guarda. Olhei para seus olhos, ternos, e não contive as lágrimas de agradecimento. Abracei meu amigo e disse que ainda me lembraria de onde ou de qual vida ou quais vidas nos conhecíamos.

Disse-me ele que o que importava, no momento, era que éramos verdadeiros amigos, que ele estava muito feliz por minha nova fase e que viria para minha primeira apresentação de piano. Assustei-me: primeira apresentação de piano! Que beleza! Sendo assim, sorri, senti-me mais forte e falei:

– Então se prepare que você voltará a “Santo Antônio de Pádua” muito antes do que imagina. Até breve!

O senhor Aurélio deixou a mim e Ronaldo no nosso quarto, foi mostrar aos outros amigos seus respectivos quartos e combinou que logo estaria de volta para nos dar as primeiras informações sobre a escola de música e o início dos nossos trabalhos.

Ronaldo e eu entramos no quarto. As paredes possuíam a cor creme bem clara e, próximo ao teto, havia desenhos de partituras musicais na cor dourada. O teto tinha a pintura de um céu em um lindo dia ensolarado. E o impressionante é que, no momento em que o sol se põe na Terra Física e chega a noite na região serrana do Estado do Rio de Janeiro[26], o teto do quarto se transforma em um céu cheio de estrelas.

Havia duas camas no quarto, muito embora eu e o Ronaldo soubessemos que chegaria o momento em que não teríamos mais necessidade de dormir. Também tinham dois compartimentos separados por biombos que não alcançavam o teto. Em cada um deles, havia um piano para nossos futuros estudos. Mexemos nos instrumentos e descobrimos que os ambientes eram a prova de som, ou seja, o que se tocava ou falava em um, não se ouvia no outro. Embora repita: os biombos não alcançavam o teto. Incrível.

Também vimos dois móveis parecidos com escrivaninhas da Terra Encarnada. Sobre cada uma das escrivaninhas havia dois aparelhos idênticos ao que eu tinha recebido no pronto-socorro, ou seja, uma espécie de tela fina como uma folha de papel com aproximadamente 40 ou 50 cm, em que era possível ler livros, escutar músicas, fazer pesquisas e assistir filmes.

Além disso, havia um banheiro com vaso sanitário. Eu ainda utilizava o banheiro, mas muito pouco, pois a cada dia que passava

26 Lembremos que "Santo Antônio de Pádua" localiza-se sobre a região serrana do Estado do Rio de Janeiro. (Nota do Wellington)

eu precisava de menos alimento. Não havia chuveiro. Eu soube que Ronaldo também já sabia se higienizar energeticamente. Em uma das paredes na lateral das camas tinha um botão que, ao acionado, abria uma espécie de guarda-roupas com duas calças jeans, camisetas, meias e cuecas para que eu e Ronaldo utilizássemos.

Sentamos. Cada qual em uma das camas. Lembro-me bem da maciez da cama e do cheiro suave dos lençóis. Nós nos apresentamos, embora tínhamos sentido que já nos conhecíamos. Tornamo-nos grandes e verdadeiros amigos. Estávamos trocando confidências quando sentimos a presença do senhor Aurélio à porta do nosso quarto. Fomos ao seu encontro.

Senhor Aurélio estava acompanhado de mais dezoito alunos novatos como eu e Ronaldo. Percebia-se no "ar" uma energia de euforia, alegria e contentamento. Dirigimo-nos a um anfiteatro e lá nos aguardavam aqueles que seriam nossos primeiros professores. Sentamos nas poltronas em formato de símbolo musical da cor salmão e o senhor Aurélio nos saudou e presenteou-nos com belas palavras:

– Sejam muito bem-vindos. A equipe de trabalhadores da "Universidade da Música" e seus alunos que aqui já estudam brindam a chegada de vocês. Hoje, ao todo, iniciam 850 novos estudantes.

– Meus queridos alunos e alunas: a música, com seus ritmos e letras, quando elaborada conforme as Leis de Deus, conecta-nos a ele. Eleva o coração. E tem o poder de curar doenças físicas e psicológicas ainda existentes no mundo dos encarnados e desencarnados[27].

27 A doença, como conhecida pelos encarnados, um dia será extirpada do Plano Físico. Isso acontecerá com a evolução espiritual de cada um. Essas doenças são, por milhares de vezes, sentidas no Plano Espiritual por espíritos que, ainda apegados à matéria, sentem tais doenças da mesma forma como se estivessem ainda no Plano Físico. (Nota do Wellington)

– Nesta Universidade da Música ensina-se: o Evangelho de Jesus Cristo; o canto; como redigir letras de músicas; tocar todos os instrumentos musicais existentes no Plano Terreno; tocar instrumentos muito antigos da humanidade que não mais são tocados no século XXI terreno; e tocar instrumentos musicais ainda desconhecidos dos encarnados no Plano Físico.

– Estuda-se a pedagogia e a história da música, em relação à história da humanidade encarnada e desencarnada; e o impacto da música elaborada de acordo com as Leis de Deus e daquelas contrárias a elas, tanto no campo físico como psicológico de encarnados e desencarnados.

– Temos departamentos que se dedicam ao estudo das músicas desenvolvidas em cada país existente no Plano Físico. Há concertos e apresentações de música e canto todos os dias, desde o período da manhã até o da noite. Recebemos espíritos desencarnados e encarnados, esses últimos em estado de sono, de todo o planeta Terra, para a troca de experiências. Fazemos ainda excursões e cursos em outros centros de estudos de música existentes no mundo espiritual do Globo Terrestre.

– Há, ainda, um departamento dedicado à proteção espiritual de escolas e universidades de música do Plano Encarnado.

– Vocês, meus amigos e amigas, querem se dedicar ao piano, instrumento que aqui no Plano Espiritual possui algumas diferenças quanto ao conhecido no Plano Terreno. Sendo assim, esta turma será dividida em duas, cada qual com dez alunos. Vocês terão aulas de língua portuguesa e uma língua que, um dia, será falada por toda a humanidade. E quanto ao português, faz-se necessário seu estudo, pois é essa a língua que no momento utilizamos para nos comunicarmos no Plano Físico e no Plano Espiritual do abençoado país chamado Brasil.

– Estudarão história da música, música erudita, músicas tocadas em todos os países da Terra Física e, também, a música conhecida por "popular brasileira". Cada aluno terá um terapeuta para que analisem a si mesmos, estudem o momento que vivem, e as vidas passadas as quais tiverem permissão divina para se lembrarem. Isso tudo com o objetivo de melhora interior e também para o preparo para uma nova encarnação, quando for o caso.

– Algumas aulas serão em conjunto e outras em particular. Sendo assim, vou falar o nome de cada um de vocês e o respectivo nome de seus primeiros professores ou professoras, concluiu Aurélio.

Meu nome foi chamado e no meio do anfiteatro fui apresentado à professora Teresa, que me deu um abraço de boas-vindas com um largo e franco sorriso. Gostei dela de imediato. Tinha a aparência de uma senhora de cerca de 60 anos.

Após todas as apresentações, cada professor(a) se dirigiu com seu respectivo aluno(a) ao local onde seriam realizadas as aulas particulares. Andei por corredores com a professora Teresa e entramos em uma linda sala que contém um belo piano na cor marrom claro, uma mesa com quatro cadeiras, uma tela em que, a um pensamento da professora, apareciam partituras ou o que ela desejasse, e um quadro com a imagem de Jesus com os braços abertos a acolher a humanidade.

Para meu deleite, naquele momento tive minha primeira aula, e depois a segunda, a terceira... Alguns anos do tempo espiritual[28] se passaram. Estudava, todos os dias, com afinco, tudo que me era ensinado. No terceiro ano, passei a dar aulas para os mais novatos

28 Como já mencionado neste texto a passagem do tempo do Plano Espiritual é completamente diferente daquela do Plano Físico. Não tenho, neste livro, permissão para explicações a respeito. (Nota do Wellington)

e a tocar em prontos-socorros de refazimento de irmãos e irmãs. Eu já amava o piano antes de chegar a "Santo Antônio de Pádua", mas aprendi a amá-lo ainda mais.

Ronaldo e eu estreitávamos, cada vez mais, nossa amizade, além de outras que fizemos. Eu já não necessitava de tantas horas de descanso. Uma ou duas era o suficiente. Já não mais utilizava o banheiro, pois não sentia necessidade de me alimentar. Fiz excursões por vários centros de músicas de outras cidades espirituais. Minha felicidade com todo o aprendizado era enorme.

E eis que a professora Teresa vem até mim e diz que iniciaríamos os ensaios para meu primeiro concerto solo. Meu coração disparou de felicidade...

CAPÍTULO XIII

A apresentação, os olhos da moça e o início número "2"

Decidi, com a professora Teresa, que a primeira música que tocaria seria "Ai Lili Ai Lô" somente com o piano, e o fechamento da apresentação também seria com essa música, porém acompanhada com um coral de crianças. Queria fazer uma homenagem ao senhor Lourenço, que veio com Francisco assistir minha apresentação. Minha felicidade foi enorme e aumentou ainda mais. Isso porque, para minha surpresa, durante a apresentação, tive a oportunidade de tocar junto com o senhor Lourenço. Minha avó Maria Joaquina não esteve presente, pois estava encarnada no Plano Físico há um bom tempo.

Durante toda a apresentação, embora estivesse concentrado, notei, na primeira fileira da plateia, um belo par de olhos a me observar. Eu tinha certeza que conhecia aqueles olhos que emanavam amor. Mas quem seria ela? Não me lembrava de modo algum. Só sei que, ao final da apresentação, para meu puro deleite, a moça veio me cumprimentar e, a partir daí, nós nos tornamos grandes amigos. Ela também era estudante da Universidade da Música e aprendia, como eu, a arte de tocar piano.

Passamos a estudar juntos, passear, conversar e assistir a vários concertos sempre que podíamos. Até que um dia, enquanto tocávamos piano a quatro mãos, ela parou, de repente. Olhou no fundo dos meus olhos, como sempre fazia, e disse que em breve voltaria ao Plano Terreno. Senti uma dor no peito e lágrimas escorreram de nossos olhos. Abraçamo-nos, nossas pernas se tocaram. Meu coração disparou e, apesar de ela sentir todo o meu amor e embora eu tivesse muita vontade de falar "eu te amo", não tive coragem de fazê-lo.

Ela continuou me olhando. Fez um carinho no meu rosto e pediu que eu a ajudasse a convidar queridos(as) amigos(as) para sua festa de comemoração e desejos de sucesso na nova empreitada que teria no Plano Encarnado. Foi o que fizemos. E, em poucas semanas de tempo espiritual[29], ela retornou ao mundo físico para novas experiências e aprendizados para sua evolução.

No início foi difícil. Sentia falta de olhar o amor que aqueles belos olhos negros emanavam. Porém, orava, enviava luz, amor, coragem e força para ela. Continuei os estudos com a mesma dedi-

29 A passagem do tempo no Plano Espiritual é completamente diferente daquela do Plano Físico. Não tenho, neste livro, permissão para explicações a respeito. (Nota do Wellington)

cação por mais um ano e meio espirituais, até que recebi a visita do senhor Aurélio. Ele me levou ao edifício da cidade "Santo Antônio de Pádua" dedicado aos estudos de casos de novas programações de reencarnações no Plano Físico.

Entramos no edifício, subimos três lances de escadas por meio da volitação e entramos em um dos escritórios onde nos aguardavam a professora Teresa e a senhora Mel. Esta última era a responsável pelos trabalhos de programação de novas reencarnações de muitos dos habitantes de "Santo Antônio de Pádua".

A senhora Mel me olhou de modo carinhoso e disse:

– Agradeço todo o seu maravilhoso empenho e dedicação em melhorar-se espiritualmente, seu esforço com os estudos e seu abnegado trabalho em levar a música como terapia para espíritos que estão em convalescença no Plano Espiritual. Seu caso foi estudado pelos espíritos superiores.

– Assim sendo, por merecimento, você está sendo abençoado com a oportunidade de mais uma encarnação. Em breve, nascerá, mais uma vez, na cidade do Rio de Janeiro, na mesma comunidade da sua última encarnação. Sua vida será dedicada ao trabalho, por meio da música, para auxiliar crianças e adolescentes a escolherem o caminho de Deus e a não entrarem para o mundo do crime, nem no mundo das drogas. Sua avó Maria Joaquina o receberá como filho devido, seu merecimento, proferiu Mel.

Continuou a senhora Mel:

– Seus pais biológicos da última encarnação encontram-se ainda em regiões tenebrosas, pois recusam a ajuda de Deus, apesar das várias tentativas, inclusive suas, de auxiliá-los. Porém, você sabe que, como todos, seus pais da sua última vida na Terra estão assistidos por espíritos de luz e, assim que despertarem das ilusões que ainda têm, serão socorridos.

Fiquei apavorado com a perspectiva de mais uma vida no Plano Físico. E se eu falhasse?

– Deus, Jesus e todos os seus amigos estão aqui para te auxiliar e continuarão o fazendo quando você estiver encarnado. Tenha fé em Deus e em você mesmo. Por meio de todo o aprendizado aqui recebido, você se preparou com afinco para uma próxima encarnação, completou senhora Mel com seus dizeres.

Após as palavras da senhora Mel, todos na sala fizeram um círculo ao meu redor e irradiaram luz de amor, força e coragem. Pediram que eu tomasse um líquido contendo energias de paz para que eu me acalmasse. Agradeci a Deus, a Jesus e a todos os meus amigos e amigas do Plano Espiritual pela oportunidade de mais uma vida no Plano Físico, com o intuito do meu desenvolvimento espiritual contínuo e eterno. E, por sentir uma ponta de medo no fundo do meu coração, busquei, nas minhas orações, força para os novos desafios que teria, com o firme propósito de vencê-los por intermédio das Leis de Deus. E também agradeci a Deus por mais uma oportunidade de uma nova vida terrena de aprendizado.

Aguardei três semanas espirituais para minha concepção e, quando dei por mim, já me encontrava em um local escuro, apertado e muito barulhento. Porém, todas as vezes que sentia insegurança ou medo, sentia um carinho do lado de fora de onde eu estava, ouvia uma voz doce me dizer palavras de amor, e isso era como um bálsamo para mim. Assim, passado o tempo da gravidez, percebi me tirarem daquele local que, com todo o carinho que recebi daquela que seria minha mãe, tornou-se quente e protetor. Senti desespero, o qual passou, pois senti amor assim que me colocaram sobre o peito daquela que chamaria de mãe por mais uma vida como encarnado.

Em dois dias, eu e minha mãe tivemos alta do hospital. Saímos junto com a vizinha da minha mãe, a senhora Marlene, que também acabara de dar à luz a um menino de nome Edson, que se tornou, nesta vida, meu melhor amigo. Fomos de ônibus para a comunidade. Estávamos os quatro muito felizes, embora minha mãe e a senhora Marlene um tanto tensas, pois nos criariam sozinhas, já que minha mãe era viúva e o marido da senhora Marlene a havia trocado por outra mulher.

Nossas casas, que na verdade eram barracos, localizavam-se na parte mais alta do morro. Com grande dificuldade, chegamos ao nosso barraco. Por sorte, naquele dia não houve tiroteio entre bandidos, traficantes, criminosos e policiais. Minha mãe se despediu da senhora Marlene e, finalmente, entramos naquela que seria a minha casa.

Minha mãe me colocou no meio de um colchão que estava no chão, pois não havia berço, e fez uma linda oração de boas-vindas para mim. Senti um conforto enorme, mas chorei de fome. Minha mãe me deu o leite do peito que, às vezes, me fazia engasgar, tamanha a quantidade de leite que ela tinha. Tanto é que minha mae Maria Joaquina transformou-se, pelos próximos quatros anos, em doadora de leite materno.

Tirava o leite, levava ao hospital mais próximo da comunidade, o qual era congelado e doado a várias outras crianças. Até o Edson tomou leite da minha mãe, uma vez que o leite da senhora Marlene havia secado logo no primeiro mês de vida de seu filho. Mas o Edson teve a sorte de poder tomar o leito do próprio peito de minha mãe.

As duas, Maria Joaquina e Marlene, eram grandes amigas e, com o nascimento de seus filhos, os laços estreitaram-se ainda mais. Elas decidiram morar no mesmo barraco e, desse modo, passaram a pagar somente um aluguel. E como as duas trabalhavam na cozinha da mesma escola pública, conseguiram turnos diferentes. Desse modo, sempre uma estava em casa para cuidar das crianças.

Os anos foram passando. Com sete anos de idade recém-concluídos, acompanhei minha mãe em uma festa que houve na escola em que ela trabalhava. Lá, vi pela "primeira vez" o piano. Fiquei fascinado. Imaginei-me tocando o instrumento. Tive uma forte sensação de que sabia tocar. Disse para minha mãe que queria chegar perto do piano. Ao que minha mãe pegou na minha mão e levou-me perto do instrumento que tanto me fascinava. Quem o tocava era um moço que aparentava cerca de 25 anos de idade. Ele percebeu minha curiosidade. Parou de tocar. Pegou-me no colo, sentou-me ao seu lado no banco do piano e guiou minhas mãos a tocar com ele. Adorei. Meu coração saiu em disparada. Meu rosto ficou todo vermelho de emoção.

– Tão novinho assim e já demonstra muito gosto pelo piano. Trabalho como professor deste instrumento na comunidade que acredito que vocês moram. É a mais próxima desta escola. Sou contratado de uma organização não governamental (ONG). Trata-se de um projeto social que trabalha com a inclusão de crianças no mundo da música. Foi lá que aprendi a tocar piano e, hoje, dou aulas, afirmou o rapaz que estava ao piano.

E, após essas explicações, o moço dirigiu-se a mim e falou:

– Vejo que você fascinou-se tanto com o piano que vou tentar conseguir uma vaga para você. Aceita? Perguntou-me o moço que se apresentou como Robson.

Assenti com a cabeça. Não consegui articular nenhuma palavra, tamanha a minha emoção. Vi lágrimas nos olhos da minha mãe Maria Joaquina. E foi combinado que, no próximo sábado, às 8h30 da manhã, eu seria levado à sede do projeto social localizado na comunidade em que eu morava para falar com a responsável. E assim foi feito. Aguardei, muito ansioso, por seis dias, até a chegada do sábado.

Fomos recebidos pela gentil senhora Lorena, voluntária do projeto, que nos levou a um galpão onde um coral de crianças cantava uma linda música que me encantou. Soube que a canção se chama "Ai Lili Ai Lô". Tive a sensação não só de conhecer, mas também de saber tocá-la ao piano.

Passamos pelo galpão e entramos em uma sala com um piano. A senhora Lorena viu meu fascínio pelo instrumento. Ela pegou na minha mão e levou-me até ele. Sentou-se comigo no banco do belo instrumento musical, pegou uma das minhas mãos e a guiou a tocar uma música infantil.

Fiquei radiante de felicidade. Meus olhos brilharam de tal forma que a senhora Lorena disse que eu poderia começar as aulas na próxima semana, com ela mesma. E assim ocorreu. Minha mãe Maria Joaquina não cabia em si de tanta alegria. Seu contentamento foi maior ainda, pois, conforme eu fazia aulas de piano, os pesadelos que tinha desde muito pequeno em que me via preso em uma cela de uma caverna de terra horrorosa, com pessoas a me bater, aos poucos foi desaparecendo.

E a vida foi passando. Estudava com afinco tanto na escola onde se aprende a ler e escrever, quanto na escola de música. Com 14 anos, era considerado um dos melhores alunos de piano. A senhora Lorena sempre dizia que eu estava recebendo da vida a oportunidade de tocar um maravilhoso instrumento e, portanto, seria importante agradecer esse dom levando alegria para as pessoas por meio da música. Assim, conversando com ela, decidi tocar em hospitais, orfanatos e asilos para alegrar a vida dessas pessoas. Nesses momentos, minha felicidade era tamanha que nem tenho como descrever.

E tinha um sonho: ter meu próprio piano em casa, e dar de presente para o Edson o violão que ele tanto queria. Nunca pedimos às nossas mães, mas elas o sabiam. Entretanto, como não era possível comprar os instrumentos com o salário recebido da escola pelas nossas mães, elas conseguiram um segundo trabalho, aos finais de semana, em um quiosque na praia de Ipanema.

Edson e eu decidimos fazer uma surpresa a elas. Conversamos com a proprietária do quiosque e pedimos para trabalhar junto com nossas mães, também aos finais de semana. Assim, juntaríamos o dinheiro para a compra do piano e do violão mais rapidamente. Fomos aceitos e passamos a servir os banhistas. Já fazia um mês que eu trabalhava no quiosque, quando vi uma linda moça de cabelos negros a tomar sol. Ela olhou dentro dos meus olhos. Senti amor vindo daquele belo par de olhos negros. E assim passei a aguardar com ansiedade por todos os finais de semana para encontrar a moça.

Até que, um dia, ela se aproximou, deu um sorriso e me cumprimentou. Não consegui reagir. Somente fiz um aceno a ela com a cabeça e voltei para casa, arrasado. Como poderia pensar em namorar uma menina rica da praia de Ipanema? Olhei para mim e achei-me um pobre coitado. De repente, achei que tocar piano era uma grande bobagem. Eu nunca ficaria rico com essa porcaria de instrumento.

Dei-me conta que morava em um barraco localizado em uma comunidade horrível e malcheirosa. Ah! Não preciso da esmola de umas aulinhas grátis de piano naquele projeto social em que todos se achavam santos. E por que havia meninos da mesma idade que eu que possuíam tudo o que eu não tinha, ou seja, tênis, relógios e roupas de "bacana"?

Só não percebi que minha revolta e pensamentos negativos foram a porta de entrada para que os espíritos que ainda persistiam na vingança contra meus atos como criminoso que fui na vida anterior, insuflassem ainda mais minhas ideias erradas. Fui, naquele momento, um "prato cheio" para esses irmãos e irmãs que gargalhavam sinistramente do meu desespero e meus péssimos pensamentos e sentimentos.

Espíritos amigos iluminados que me acompanhavam, enviavam luz e intuíam-me a pensar com clareza, de forma que eu não sucumbisse, novamente, por relógios e roupas caras. Mas eu não os ouvia, ao contrário, os repelia, mesmo que inconscientemente. E como o livre-arbítrio sempre é respeitado, esses espíritos iluminados permaneceram atentos, mas afastados.

Até que escutei Edmilson, aquele que eu havia envenenado, mas que naquele momento eu acreditava ser meu próprio pensamento a me dizer: "e se você aceitasse a proposta do traficante de drogas da sua comunidade, o Reginaldo, e traficasse uma única vez, ou seja, o suficiente para comprar roupas de "bacana" e poder se mostrar para a moça bonita da praia de Ipanema? Ah! Depois eu largo esse negócio sujo..." Estremeci de pavor...

CAPÍTULO XIV

As escolhas números "2" e "3"

Minhas "duas" mães e o Edson notaram meu comportamento estranho e calado desde que havia saído do quiosque. O Edson até tentou brincar comigo e disse que meu silêncio era por estar apaixonado pela morena da praia. Nada respondi e o olhei com ódio, como nunca havia feito nesta vida. Minhas mães e meu irmão Edson se assustaram e ficaram preocupados.

Recusei-me a falar com qualquer um deles. Fui dormir, pois já era tarde, e tive os horríveis pesadelos que tinha na infância. Via--me em uma caverna com um homem horroroso me obrigando a engolir um veneno. Acordei suando, com muito pavor e fortes dores de garganta. Aliás, dores que foram uma constante nesta vida de encarnado que descrevo.

Era um domingo. Sai escondido de casa, decidi que não mais trabalharia na porcaria do quiosque para receber um miserável de um salário, e decidi procurar o traficante de drogas Reginaldo. Afinal, eu faria somente uma venda de drogas e nada mais: iludia-me. Seria coisa rápida para eu ter dinheiro e comprar roupas boas e novas e me mostrar para a moça da praia e para todo mundo. Porém, a cada passo que eu dava, meu corpo todo tremia de pavor e uma forte dor apertava meu peito. Tinha a sensação de ouvir gritos e xingamentos serem a mim dirigidos com muito ódio.

Não! Gritei alto. Não! Eu não vou ser traficante nem uma única vez! Não quero isso para minha vida nem para a de ninguém. Nesse momento, os espíritos que zombavam de mim foram arremessados para longe e não mais conseguiram se aproximar, pois me ajoelhei no meio da rua onde estava e pedi, com toda a força que possuía e com lágrimas nos meus olhos, perdão a Deus, a Jesus e a minha família.

Levantei-me e tentei correr de volta para minha casa, porém o Reginaldo já havia me visto. Alcançou-me, fez com que eu entrasse no seu "escritório" de tráfico de drogas e falou com o cano do revólver apontado para minha cabeça:

– Ora, ora! Ficou com medinho... Só que agora, querendo ou não, você vai trabalhar para mim. Caso contrário, coloco você e sua família no micro-ondas. Vão virar carvão para o meu próximo churrasco. Retorne às 5h da tarde que vou te dar o primeiro servicinho. E traga aquele seu irmãozinho idiota tocador de violão, o Edson. Ele também vai trabalhar para mim. Agora pode ir, bobinho. Quanto medinho, hein!

Saí em disparada. Cheguei em minha casa. Mal respirava e conseguia sustentar meu corpo sobre as minhas pernas. Estava totalmente pálido. Todos se assustaram. Comecei a pegar todas as nossas roupas, tresloucadamente, e a colocar em sacos de lixo, gritando que tínhamos que fugir, caso contrário nós seríamos mortos pelos comparsas do Reginaldo. Minha mãe Maria Joaquina fez com que eu me sentasse e perguntou se eu havia ido atrás do traficante Reginaldo e por qual motivo, já que na comunidade não era novidade para ninguém o assédio de traficantes para com crianças e adolescentes.

– Mãe Maria Joaquina, Mãe Marlene e irmão Edson, mil vezes perdão. Eu pensei em fazer uma única venda de drogas. Nada mais. Eu queria comprar uns tênis de bacana e parecer bonito para a moça da praia. Mas eu já tinha desistido dessa loucura, quando o Reginaldo me viu, obrigou que eu fosse ao seu "escritório" e disse que, se eu não encontrá-lo, hoje, às 5h da tarde, mata a todos nós.

Minha mãe Maria Joaquina me olhou com um olhar terno. Sentou-se em uma cadeira e com muita calma falou:

– Vamos agradecer e orar a Deus por você ter tido o discernimento de fazer a escolha certa. Isso é o mais importante.

Ajoelhamo-nos todos e rezamos a oração do "Pai Nosso". Eu tremia muito. Sentia dores no peito. Via a tal caverna dos pesadelos e pessoas a me pedirem contas. Ergui os braços aos céus e pedi a Deus e a Jesus que nos protegessem. Não! Definitivamente eu não entraria no mundo do crime. Nada me faria fazê-lo, nem mesmo que para isso eu fosse morto pelo mundo do tráfico de drogas. Mas, não! Eu não seria morto!

Decidi firmemente: a partir de hoje, até meu último dia de vida na Terra, vou trabalhar, com a música, para que crianças e adolescentes não entrem para o mundo do crime nem para o mundo das drogas. E quem lá já estiver e quiser sair, receberá todo o meu apoio.

– Mas, e agora? Se você não encontrar o Reginaldo às 5h ele virá com seus comparsas e matará todos nós, falou meu irmão Edson apavorado.

Ficamos em silêncio, ajoelhados e orando, e ouvimos um estrondo na nossa porta, que foi arrancada com um chute. Era o Reginaldo, que gritou:

– Bom! Muito bom! Em vez de dois fedelhos, vejo que aqui há também duas velhas gordas! Isso significa que tenho nesta casa não somente duas, mas quatro mulas para a venda de drogas, à minha disposição!

Levantei-me e encontrei forças para dizer ao Reginaldo, de modo muito firme, que ninguém naquela casa entraria para o mundo do tráfico de drogas. Recebi muita luz e ajuda de amigos espirituais iluminados, que nos protegeram aos quatro, com uma luz azul a cobrir-nos como um manto, tamanha a nossa fé.

Reginaldo e seus companheiros recuaram sem nada entender. Alguns homens saíram correndo e disseram que tínhamos pacto com o demônio e que, portanto, não mexeriam conosco. Reginaldo não quis demonstrar seu pavor, mas ficou com medo. Ele não conseguiu chegar perto de nós. Isso porque, embora, naquele momento, ninguém o soubesse, havia um campo eletromagnético de proteção sobre nós.

Reginaldo, entretanto, antes de também sair correndo da nossa casa, olhou para trás. Percebi que iria atirar no peito do Edson. Pulei na frente do meu amigo e irmão. O tiro, que fatalmente acabaria por acertar meu peito, foi desviado por mãos de espíritos iluminados para uma das minhas pernas.

Minha mãe Maria Joaquina e a senhora Marlene, apesar de assustadas com meu ferimento, não se cansavam de dizer que ali havia ocorrido um milagre. E, a partir daí, lembro-me de ver vários vizinhos e amigos que vieram à nossa casa na tentativa de ajudar. Desmaiei e, quando dei por mim, tempos depois, acordei sobre um colchão no chão de um corredor de hospital. As dores eram terríveis e agravadas pelo fato de que eu recebia a medicação em menor dose, pois as enfermeiras informaram que era a quantidade disponível no hospital.

Minha mãe não se conformou com aquela situação e, no momento que pedia a Deus que lhe mostrasse uma maneira de conseguir dinheiro para comprar os remédios, uma vizinha nossa, a Joana, apareceu com o dinheiro que havia sido arrecadado entre os vizinhos. Minha mãe agradeceu muito a Deus e aos vizinhos, que disseram que o faziam de bom grado, pois eu era um bom menino que pensava o tempo todo em ajudar os outros e tinha salvado a vida de Edson.

Permaneci no hospital por um mês, até conseguir vaga para a segunda cirurgia que necessitei. Porém, a consequência da demora da segunda cirurgia foi que me tornei um pouco manco para o resto desta minha encarnação. Quando saí do hospital, a senhora Lorena foi à nossa casa e informou que um maestro, que havia me ouvido tocar, me convidara para estudar na Áustria. A ideia era que eu fizesse carreira na Europa. Os professores de música do projeto social que eu participava acreditavam que eu tinha condições de me tornar um pianista de renome mundial, devido minha enorme dedicação aos estudos e a um talento nato.

E o que era para me deixar feliz, deixou-me angustiado. Por um lado, fiquei fascinado com a ideia de ir embora para a Europa e voltar ao Brasil somente a passeio. Mas, por outro, algo muito forte dentro de mim dizia que meu trabalho nesta vida seria afastar crianças e adolescentes do mundo das drogas e do crime por meio da música. De qualquer forma, eu me senti envaidecido com a oportunidade. Até inflamei o peito. Ora, como concertista internacional, estaria à altura da bela moça dos olhos negros que eu acreditava que morava na praia de Ipanema. Minha mãe Maria Joaquina, sabendo de minhas dúvidas, veio conversar comigo e disse:

– Escute seu coração. Siga-o e assim fará a coisa certa. E você não precisa ser um grande concertista para conquistar a menina da praia de Ipanema. Basta ser você mesmo. Ninguém é melhor ou pior do que ninguém porque mora neste ou naquele local. Nem tampouco por questões de cor racial, fé religiosa ou opção sexual. Somos todos filhos do mesmo pai celestial. Você sabe disso.

Ela continuou:

– Wellington, vivemos em cada uma das nossas inúmeras vidas uma roupagem diferente para experiências em prol da nossa evolução como espíritos eternos. Ora sou homem, ora mulher. Ora sou da raça negra, ora da branca, ora da asiática, ora da vermelha. Ora sou judia, ora católica, ora muçulmana. Ora tenho uma opção sexual, ora tenho outra, e daí por diante. Quando o ser humano entender que todos somos irmãos, filhos do mesmo pai, o mundo se transformará. E saiba: a humanidade caminha para que isso aconteça. Não de uma hora para outra. Trata-se de um processo, cuja rapidez ou lentidão depende de cada ser encarnado e desencarnado da Terra.

Minha mãe Maria Joaquina não tinha estudo. Mal sabia ler e escrever. Mas era incrivelmente sábia. E depois de escutar minha mãe, decidi, com dor no coração, que iria para a Europa. No dia combinado da viagem, peguei um táxi. No caminho para o aeroporto, no meio do trânsito, vi dois garotos assaltarem, com armas de fogo, o carro à frente do que eu estava. Puseram uma arma na cabeça da motorista. Uma senhora de uns 60 anos. Ela estava aterrorizada. Levaram sua bolsa e, graças a Deus, apesar de não ter sofrido danos físicos, ficou chorando em total desespero. Ninguém a ajudou. Provavelmente porque todos estavam com medo. Foi uma cena muito triste.

Neste instante, pedi ao motorista que me levasse de volta à comunidade. Meu lugar era no Brasil. Meu coração gritava que meu trabalho, nesta vida, era levar a música a crianças e adolescentes como meio de evitar que entrassem no mundo das drogas e do crime. E assim passei a agir firmemente.

CAPÍTULO XV

Lições da professora Lorena, os olhos da bela "Maria Flor" e a vida que segue seu curso

Retornei do caminho do aeroporto para a comunidade em que morava e fui procurar a professora Lorena. Expliquei a situação. Ela não julgou minha decisão. Limitou-se a me abraçar, desejar toda a sorte do mundo e me convidar para trabalhar, na condição de menor aprendiz, como seu assistente nas aulas de piano. A professora Lorena disse, ainda, que eu receberia um salário pelas aulas ministradas. Fiquei envergonhado em receber dinheiro de uma organização que tudo havia me dado sem nada cobrar. A professora Lorena, serenamente, explicou-me o seguinte:

– Wellington, você está com vergonha de quê? Todos têm direito de receber pelo seu trabalho honesto. Desde quando o conheço, você era bem pequeno, você é esforçado ao máximo na sua escola e no aprendizado de piano. E faz tudo isso com afinco. Portanto, seria egoísmo seu não querer receber o pagamento pelos seus serviços, e privar suas duas mães e seu irmão Edson de dinheiro para, por exemplo, comprarem boa comida. Eu sei que vocês passam por muitas dificuldades.

Ela prosseguiu:

– Wellington, meu querido, trabalho voluntário é muito importante, mas primeiro temos que nos preocupar com nosso sustento e o daqueles que necessitam de nosso auxílio. O trabalho voluntário deve sempre ser feito, mas no tempo livre. E saiba que, com disciplina e organização, sempre temos tempo livre, por mais que trabalhemos.

– O dinheiro, Wellington, utilizado para os desígnios de Deus, é abençoado e muito importante. É bendito. Por exemplo, sem dinheiro, você não teria aprendido a tocar piano. Há empresários, entre os quais o meu marido, que sustentam o projeto social do qual você faz parte.

– Nossos professores de música recebem salários pelos seus serviços. Caso contrário, não teriam dinheiro nem para pegar uma condução e chegar aqui na comunidade. Há, sim, professores voluntários, mas esses têm outros meios de subsistência.

– Eu, por exemplo, tenho a felicidade de ser voluntária neste projeto social, de seis a oito horas diárias. Mas isso acontece pelo fato de que não preciso trabalhar por dinheiro. Como filha única, herdei todos e os inúmeros bens dos meus pais. Além disso, também recebo aposentadoria, embora mínima, uma vez que trabalhei por muitos anos como professora na rede pública de ensino da cidade do Rio de Janeiro.

Ela continuava:

– E mais, eu recebo lucros da escola de música que abri há mais de quinze anos na praia de Ipanema, e que hoje é coordenada por minha filha Isadora, a qual, aliás, também é voluntária daqui. Você a conhece.

A professora prosseguia seu discurso:

– Um dia, Wellington, a pobreza será 100% extirpada da Terra, mas não de uma hora para outra. É um processo pelo qual a humanidade caminha, e isso acontece por várias formas. Por exemplo, no momento em que o dinheiro público, destinado à educação ou à saúde, for para essas instituições devidamente destinado, sem quaisquer desvios por corrupção, já teremos, no Brasil, dado um enorme passo. Isso significará que irmãos e irmãs que trabalham com o dinheiro público já terão plena consciência de que esse dinheiro não lhes pertence e que deve ser utilizado para o bem geral.

– Imagine um Brasil e um mundo todo sem corrupção, sem déspotas e ditadores. Já pensou nisso? Pois digo que esse dia vai chegar com a evolução dos que habitam, tanto encarnados quanto desencarnados, esse maravilhoso Planeta Terra, dizia a professora.

– E, por corrupção, entenda como não somente aquela que nos vem à mente no primeiro instante, qual seja, desvio de dinheiro público. Mas também aquela que por muitos é considerada boba e inofensiva, como tentar, por exemplo, subornar um policial que nos quer multar por estacionarmos em local proibido. Ora, desviar 100 milhões dos cofres públicos ou subornar um policial, na verdade, são atitudes idênticas de corrupção. Claro que as consequências da primeira atitude em relação à segunda são diferentes, mas repito, a atitude é a mesma. Ela continuava.

– Uma das consequências da corrupção ser extirpada do Brasil e do planeta Terra, será a redução da pobreza, a qual, aliás, não é obra de Deus, absolutamente! Foi o homem, com suas escolhas contrárias às Leis de Deus, do amor e da caridade, que fez surgir a pobreza. Sempre lembrando que as escolhas humanas estão sob as Leis de Deus e do livre-arbítrio, dizia ela.

E acrescentou:

– Eu acredito que um dos mais importantes meios para que o ser humano melhore e evolua como ser espiritual, é por meio da educação. Atividade essa para a qual me dedico, sempre tendo por base o Evangelho de Jesus Cristo. Não estamos preocupados, no projeto social, em fazer concertistas mundiais. Se isso ocorre, maravilha. Mas, nosso real objetivo é auxiliar crianças e adolescentes a se tornarem pessoas dignas, com capacidade de serem polos transformadores do nosso mundo em um lugar melhor.

A professora continuava:

– Olhe para você! É um exemplo de superação! Poderia ter escolhido o mundo do crime. Poderia ter se transformado em uma pessoa alcoólatra, drogada ou revoltada. Mas decidiu não fazê-lo. Você tem somente 14 anos e já tem uma profissão que conquistou por intermédio de Deus, de seu esforço pessoal e dos patrocinadores e trabalhadores deste projeto social. Você já tem condições de ganhar seu pão e auxiliar sua família. É admirável! Parabéns!

– Em seu tempo livre, você tem condições de continuar sua dedicação de tocar piano em asilos, hospitais, orfanatos e levar alegria e amor a todas essas pessoas que tanto necessitam de carinho. Isso é maravilhoso. Mais uma vez, parabéns! E, finalmente, tenho só mais uma coisa para te dizer: quero te ver na faculdade de música, hein!, concluiu ela.

Fiquei exultante de alegria com as palavras da professora Lorena. Abracei-a comovido e não contive as lágrimas. Agradeci por tudo. Ela me pediu para agradecer a Deus antes de tudo, pois ela era tão somente seu instrumento. E assim ficou decidido. Eu iria ser assistente da professora Lorena e receber salário.

A partir daí, meus horários passaram a ser os seguintes: na parte da manhã: escola; na parte da tarde, dedicava-me duas horas e meia aos estudos de piano com professores do projeto social, e por três horas ministrava aulas de piano aos mais novos; no período da noite, fazia os deveres da escola e ajudava minhas mães e meu irmão Edson com os afazeres da casa. Nos finais de semana, dava aulas de piano voluntariamente (sem o recebimento de salário) e sempre tocava em algum hospital, orfanato ou asilo; no final da tarde de domingo, jogava futebol na praia com meu irmão Edson e outros amigos.

Fiquei radiante de felicidade com meu primeiro salário. Entreguei-o todo nas mãos das minhas duas mães. Decidimos usar o dinheiro para encher um pouco a dispensa com alimentos, passear no Cristo Redentor, tomar sorvete e comprar chocolates.

Ver a alegria da minha família, com tudo isso, foi muita emoção para mim. Mas o que me deixou mais feliz foi que juntei dinheiro por seis meses e, finalmente, consegui comprar o violão que o Edson tanto queria. Abraçamo-nos com grande alegria. Nesse momento, embora não conseguíssemos ver com nossos olhos carnais, espiritualmente formou-se, ao nosso redor, uma luz azul. Conseguimos dizer, pela primeira vez, um para o outro: “eu te amo, irmão”.

O tempo foi passando e eu já não me contentava mais somente em trabalhar com crianças e adolescentes que iam até a sede do projeto social. Passei a ir, pessoalmente, às casas da comunidade onde eu morava e também em outras comunidades para convidar crianças e adolescentes, com a concessão de suas mães e pais, a aprenderem a cantar e/ou tocar algum instrumento musical. Cada criança ou adolescente que eu conseguia despertar para o gosto da música, e com isso tirar da rua e evitar a entrada no mundo do crime ou no mundo das drogas, era uma vitória que fazia meu coração pular de alegria.

Como esse meu trabalho estava dando certo, a professora Lorena foi buscar mais patrocinadores, visto que o número de alunos aumentava. Só para os leitores terem uma ideia, quando eu tinha 14 anos, o projeto atendia somente, na comunidade onde eu morava, cerca de 150 crianças. Com meus 18 anos, o número de crianças e adolescentes já passava dos seiscentos e o projeto social já atuava em várias comunidades.

E, também, com 18 anos, entrei para a faculdade de música. Fiquei muito feliz! E, melhor ainda, consegui uma bolsa de estudos. Os professores brincavam comigo e diziam que eu devia ter nascido tocando piano, tamanha a facilidade que tinha com esse instrumento. Mas eles sempre deixavam claro que mesmo com a facilidade e talento, se eu não estudasse e me esforçasse, o talento iria para o "ralo". Talento, diziam, há sempre que ser lapidado com esforço e dedicação.

Além das aulas na comunidade, a professora Lorena me convidou para dar aulas também em sua escola de música na praia de Ipanema. Eu ganharia mais, e necessitava, pois precisava pagar os medicamentos da minha mãe Maria Joaquina, que sofria de câncer.

E eis que em um desses dias, na escola da praia de Ipanema, ao andar pelos corredores, escutei a música que mais amava: "Ai Lili Ai Lô". O som vinha de uma das salas. Aproximei-me e vi lindos e compridos cabelos negros. Parei para escutar a melodia que adorava quando a moça, talvez sentindo que estivesse sendo observada, parou de tocar, virou-se e olhou para mim.

Ah! Meu Deus! Eram aqueles mesmos olhos negros que emanavam amor lá na praia de Ipanema, perto do quiosque em que eu trabalhei. Olhamo-nos, sorrimos um para o outro e nos reconhecemos. Ela me convidou para tocar piano junto com ela. Seu nome: Maria Flor. Ela era professora de piano na escola da professora Lorena, e, em um mês, também passaria a dar aulas no projeto social da comunidade onde eu morava.

Convivemos por seis meses. Eu a amava, mas não me atrevia a me declarar ou a perguntar o que quer que fosse fora do assunto "música". Não possuía intimidade alguma com ela. Praticamente nada sabia de sua vida. Isso porque me sentia inferior, já que eu acreditava que ela morava em algum prédio chique da praia de Ipanema.

Até que um dia eu tomei coragem. Estávamos, à noite, na sede do projeto da comunidade, com a incumbência de fechar as portas. Porém, antes disso, convidei-a para que tocasse comigo "Ai Lili ai Lô". Ela aceitou e, ao final da música nossos olhares se cruzaram, nossas pernas se tocaram e, no momento em que nossos lábios se aproximavam, escutei um estampido muito forte.

Maria Flor caiu e uma poça de sangue se formou. Ela tomou um tiro fatal na cabeça. O atirador olhou para mim e disse que o tiro na Maria Flor era para eu aprender o que aconteceria comigo e com todas as pessoas que me eram próximas, caso eu persistisse no trabalho dc auxiliar crianças e adolescentes a preferirem o mundo da música ao do crime.

Meu coração foi despedaçado com a morte de Maria Flor. Sentia que uma parte dele havia ido embora com ela. Viver sem ela foi uma tortura que só amainou com o tempo. Porém, a saudade jamais passou. E mais, descobri que Maria Flor nunca morou na praia de Ipanema. Nunca perguntei nada a ela e alimentei falsas conclusões precipitadas.

Na verdade, todos que nos conheciam sabiam que Maria Flor morava em uma comunidade vizinha à minha. E ela nunca escondeu isso de ninguém. Ela ia à praia de Ipanema, próxima ao quiosque em que trabalhei, pois acompanhava sua mãe que fazia faxina em um apartamento ali por perto. Senti-me um tolo. Um orgulhoso. Ora, e se ela realmente morasse na praia de Ipanema? Qual seria o problema? O preconceituoso ali, era eu.

Um mês se passou e minha amada mãe Maria Joaquina desencarnou. Minha mãe Marlene e meu irmão Edson precisaram mudar de estado para se protegerem das ameaças de morte feitas pelos traficantes de drogas, em razão do meu trabalho. Ambos insistiram muito para que eu fosse com eles, mas não poderia. Meu coração dizia que eu deveria continuar meu trabalho na comunidade em que morava desde o meu nascimento. Eu não desisti do meu trabalho. Jamais esmoreci. Orava com fé a Deus e pedia proteção a Ele, a Jesus e aos espíritos iluminados.

E, dessa forma, passei a vida toda trabalhando, por meio da música, para que crianças e adolescentes não entrassem no mundo do crime nem das drogas. E quanto aos que lá já estavam, eu trabalhava firmemente para que saíssem e se recuperassem. Por conta desse trabalho, sofri a vida toda com atentados e ameaças de morte por parte dos traficantes de drogas. Mas, milagrosamente, nada me acontecia. Eu não tinha condições de ver com os olhos carnais, mas quem o pudesse por intermédio dos olhos espirituais, perceberia que, ao meu redor, tinham vários espíritos de luz a me proteger.

Até que um dia acordei com um pouco de tontura, mas ainda assim me sentei ao banco do piano e, enquanto tocava "Ai Lili ai Lô" e pensava, com saudades, nos lindos olhos da bela Maria Flor, nas minhas mães Maria Joaquina e Marlene e no meu irmão Edson, que haviam partido para o Plano Espiritual há tempos, eu senti uma dor muito forte no peito e mais nada enxerguei...

CAPÍTULO XVI

O Pianista de Deus

Abri lentamente os olhos. Senti-me completamente leve. Não sentia mais as dores no peito. Vi que estava deitado numa maca em um jardim maravilhoso. Havia diversas pessoas também deitadas nas macas. "Onde estou? O que será que aconteceu?"

– Ah! "Pianista de Deus", você retornou à casa do pai celestial! Deixou o corpo físico. Parabéns pela linda jornada que acabou de ter no Plano Físico. Cumpriu fielmente sua missão e com resultados superiores aos esperados por você antes do reencarne. Encontra-se, agora, em um jardim da cidade espiritual "Santo Antônio de Pádua", explicou minha amada avó/mãe Maria Joaquina.

Ao ouvir sua voz, meu coração pulou de alegria. Consegui abrir bem os olhos e ela me abraçou ali, ainda deitado. Vi também inúmeros rostos de pais agradecidos pelo meu auxílio, com meu trabalho, para que seus filhos não entrassem no mundo do crime ou das drogas.

Consegui me sentar e aproximou-se de mim, com um lindo sorriso, minha mãe Marlene, que entendi ter vivido em outra vida terrena no corpo da senhora Isilda. Pedi-lhe perdão pelo que fiz um dia ao seu filho Jacson.

A senhora Marlene me olhou de modo terno e carinhoso. Pediu--me perdão e agradeceu pela amizade sincera e fraternal que nutri por seu filho Edson, o qual chegou perto de mim, deu-me as mãos, ajudou-me a levantar e o abracei, dando vazão a toda saudade. Olhei seu rosto e o reconheci no Jacson e depois no Francisco, aquele que foi meu anjo na recuperação, depois que fui resgatado da caverna.

A emoção foi demais ao escutar, próximo a mim, a música "Ai Lili Ai Lô" tocada ao piano. Meus amigos abriram passagem e me dirigi ao maravilhoso instrumento musical ao qual tanto devo. Vi os lindos cabelos negros da pianista. Ela, sem me olhar nem parar de tocar, cedeu espaço no banco para que eu tocasse junto com ela. Sentei ao banco. Tocamos juntos.

É ela! A moça, companheira de tantas vidas, e que na penúltima e na última vida, como encarnado, eu conheci na praia de Ipanema. Entendi que em nenhuma das nossas duas últimas vidas na Terra ela morou na praia de Ipanema. Meu orgulho, preconceito e complexo de inferioridade foi que fizeram com que eu me afastasse dela.

Agora entendo: para o amor divino não existem barreiras de opção sexual ou religiosa, raça, idade ou classe social. Pedi perdão a Maria Flor, com lágrimas nos olhos, os quais, mais uma vez, encontraram-se com os dela. E, com o coração descompassado de emoção, consegui finalmente dizer "eu amo você".

Senti nossas pernas se roçarem para, finalmente, nossos lábios se tocarem, e obtermos a oportunidade de iniciarmos, mais uma vez, uma bela história de amor...

Outras publicações

EXU E SEUS ASSENTAMENTOS

Evandro Mendonça inspirado pelo Senhor Exu Marabo

Todos nós temos o nosso Exu individual. É ele quem executa as tarefas do nosso Orixá, abrindo e fechando tudo. É uma energia vital que não morre nunca, e ao ser potencializado aqui na Terra com Assentamentos (ponto de força), passa a dirigir todos os caminhos de cada um de nós, procurando sempre destrancar e abrir o que estive fechado ou trancado.

ISBN: 978-85-86453-23-6
Formato: 16 x 23 - 176 páginas
Papel: off set 75 grs

POMBA-GIRA E SEUS ASSENTAMENTOS

Evandro Mendonça inspirado pela Senhora Pomba-Gira Maria Padilha

Pomba-Gira é uma energia poderosa e fortíssima. Atua em tudo e em todos, dia e noite. E as suas sete ponteiras colocadas no Assentamento com as pontas para cima representam os sete caminhos da mulher. Juntas às outras ferramentas, ervas, sangue, se potencializam tornando os caminhos mais seguros de êxitos. Hoje é uma das entidades mais cultuadas dentro da religião de Umbanda. Vive na Terra, no meio das mulheres. Tanto que os pedidos e as oferendas das mulheres direcionadas à Pomba-Gira têm um retorno muito rápido, na maioria das vezes com sucesso absoluto.

ISBN: 978-85-86453-24-3
Formato: 16 x 23 - 176 páginas
Papel: off set 75 grs

EXU, POMBA-GIRA E SEUS AXÉS

Evandro Mendonça inspirado pelo Sr. Exu Marabô e pela Sra. Pomba-Gira Maria Padilha

A obra apresenta as liberações dos axés de Exus e de Pombas-Giras de modo surpreendente, condensado e extremamente útil. É um trabalho direcionado a qualquer pessoa que se interesse pelo universo apresentado, no entanto, é de extrema importância àquelas pessoas que tenham interesse em evoluir em suas residências, em seus terreiros, nas suas vidas.

E o que são esses axés? "Axé" é força, luz, poder espiritual, (tudo o que está relacionado com a sagrada religião), objetos, pontos cantados e riscados, limpezas espirituais etc. São os poderes ligados às Entidades.

ISBN: 978-85-86453-27-4
Formato: 14 x 21 – 192 páginas
Papel: off set 75 grs

A MAGIA DE SÃO COSME E SÃO DAMIÃO

Evandro Mendonça

Algumas lendas, histórias e relatos contam que São Cosme e São Damião passavam dias e noites dedicados a cura tanto de pessoas como animais sem nada cobrar, por esse motivo foram sincretizados como "santos dos pobres" e também considerados padroeiros dos médicos.

Não esquecendo também seu irmão mais novo chamado Doúm, que junto fez parte de todas as suas trajetórias.

A obra oferece ao leitor algumas preces, simpatias, crenças, banhos e muitas outras curiosidades de São Cosme e São Damião.

ISBN: 978-85-86453-25-0
Formato: 14 x 21 cm – 136 páginas
Papel: off set 75 grs

Outras publicações

CIGANOS - MAGIAS DO PASSADO DE VOLTA AO PRESENTE

Evandro Mendonça

Na Magia, como em todo preceito espiritual e ritual cigano, para que cada um de nós tenha um bom êxito e consiga o que deseja, é fundamental que tenhamos fé, confiança e convicção. E, naturalmente, confiança nas forças que o executam. Para isso é fundamental que acreditemos nas possibilidades das coisas que queremos executar.

ISBN: 978-85-86453-21-2
Formato: 16 x 23 – 176 páginas
Papel: off set 75 grs

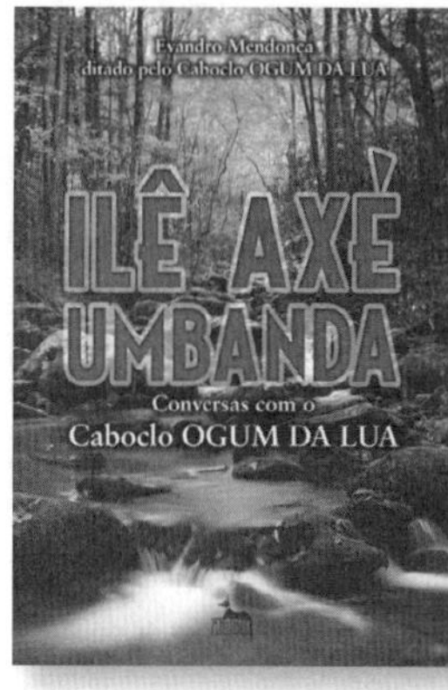

ILÊ AXÉ UMBANDA

Evandro Mendonça ditado pelo Caboclo Ogum da Lua

Filhos de Umbanda e meus irmãos em espíritos, como o tempo e o espaço são curtos, vou tentar resumir um pouco de cada assunto dos vários que eu gostaria muito de falar, independentemente da religião de cada um. Não são palavras bonitas e talves nem bem colocadas na ordem certa desta descrita, mas são palavras verdadeiras, que esse humilde Caboclo, portador de muita luz, gostaria de deixar para todos vocês, que estão nesse plano em busca da perfeição do espírito, refletirem.

ISBN: 978-85-86453-30-4
Formato: 16 x 23 – 136 páginas
Papel: off set 75 grs

ANUBIS

UMBANDA - DEFUMAÇÕES, BANHOS, RITUAIS, TRABALHOS E OFERENDAS

Evandro Mendonça

Rica em detalhes, a obra oferece ao leitor as minúcias da prática dos rituais, dos trabalhos e das oferendas que podem mudar definitivamente a vida de cada um de nós. Oferece também os segredos da defumação assim como os da prática de banhos. Uma obra fundamental para o umbandista e para qualquer leitor que se interesse pelo universo do sagrado. Um livro necessário e essencialmente sério, escrito com fé, amor e dedicação.

ISBN: 978-85-86453-22-9
Formato: 16 x 23 cm - 208 páginas
Papel: off set 75 grs

PRETO-VELHO E SEUS ENCANTOS

Evandro Mendonça inspirado pelo Africano São Cipriano

Os Pretos-Velhos têm origens africana, ou seja: nos negros escravos contrabandeados para o Brasil, que são hoje espíritos que compõe as linhas Africanas e linhas das Almas na Umbanda.

São almas desencarnadas de negros que foram trazidos para o Brasil como escravos, e batizados na igreja católica com um nome brasileiro. Hoje incorporam nos seus médiuns com a intenção de ajudar as almas das pessoas ainda encarnadas na terra.

A obra aqui apresentada oferece ao leitor preces, benzimentos e simpatias que oferecidas aos Pretos-Velhos sempre darão um resultado positivo e satisfatório.

ISBN: 978-85-86453-26-7
Formato: 16 x 23 – 176 páginas
Papel: off set 75 grs

Outras publicações

ALGUÉM TE ESPERA

Romance espírita de Sandra Marcondes

No ínicio, somente escuridão. Eu não enxergava nada. De repente percebi a luz no fim do túnel, vi e senti no fundo do meu coração a presença do Amado Mestre Jesus.

Estava meio acordada, meio adormecida, e me vi nos braços de minha mãe como nos tempos de minha infância. Deixei-me ficar naquele colo, que tanto amei por várias vidas. E foi ai que me dei conta! Eu já não vivia mais no plano terreno dos encarnados. E minhas filhas, filhos, netas e netos? Como ficariam sem minha presença?

É aqui que começa a história. Vou mostrar as maravilhas e os desafios da minha vida por aqui, no Plano Espiritual.

ISBN: 978-85-86453-29-8
Formato: 14 x 21 – 144 páginas
Papel: off set 75 grs

O QUARTO COPO – O Segredo de uma vida saudável

Dr. J. Luiz Amuratti

A partir da última frase deste livro você não poderá mais dizer: "Eu não sei". E então você viverá atrás de uma parede chamada Responsabilidade. Responsabilidade em ajudar as pessoas a descobrirem o que você já descobriu para você: "Qualidade de Vida é Ter em Você a capacidade de controlar a sua Saúde, a sua energia, Prolongando o sabor de viver num planeta tão maravilhoso chamado Planeta Terra!" Mas existe um impulso dentro de você, que não o deixa sossegado. Sabe como eu tenho essa certeza? Porque você está lendo este livro. E isso significa que interiormente você já comprou a idéia de ser um Agente de Mudanças na vida das pessoas. E de mudanças para o Melhor!

ISBN: 978-85-86453-28-1
Formato: 14 x 21 – 120 páginas
Papel: off set 75 grs